戦争の値段

——教養として身につけておきたい戦争と経済の本質

加谷珪一

●本書は、2016年7月に総合法令出版から刊行された『「教養」として身につけておきたい戦争と経済の本質』を改題し、加筆修正したうえで文庫化したものです。

●本文に出てくる数字・データは、2016年執筆時のものです。

文庫化にあたって

本書は2016年7月に出版した『『教養』として身につけておきたい戦争と経済の本質』を文庫化したものです。出版から6年が経過していますが、本書で指摘した戦争と経済の関係性や、各国をとりまく基本的な図式は大きく変わっていません。

2022年2月、ロシアは国際社会の意向を無視し、ウクライナ全土に侵攻しました。本書ではロシア経済が抱える基本的な問題や軍備との関係性、地政学的な野心について分析しているのですが、自身で今、読み返してみても、多くの項目が今回のウクライナ侵攻につながっていることがあらためて認識できます。地政学というのは、各国が置かれている地理的な条件が紛争の原因になるという観点で構築された学問ですが、各国の対立関係には、必ずといってよいほど時代を超えた共通点が見られます。

日本はロシアと中国という、非民主的な軍事大国を隣国に抱えており、世界でもっとも危険なエリアのひとつと見なされています。戦後の日本は平和な国家運営を続けることができましたが、いつ紛争に巻き込まれるか分からないというのが現実です。不穏な時代が到来している今、戦争と経済の関係をあらためて理解しておくことは日本人にとって重要であると筆者は考えており、この書籍が議論の一助をとなることを願っています。

本書は基本的に出版した2016年当時の記述となっており、各種統計の数字は2016年時点のものであることについてご了承ください。国際情勢が変化し、追記が必要な部分については、著者注として補足してあります。

2022年4月

加谷珪一(かやけいいち)

はじめに——戦争が起こるか否かは、経済力が左右する

多くの日本人にとって戦争というのは現実的な話ではありません。ニュースで見聞きすることはあっても、身近な問題として戦争をイメージできる人は少ないでしょう。日々の生活と戦争はまったく関係ないものだと考えている人がほとんどだと思います。

しかし、こうした考え方は、改める必要があるかもしれません。

戦争の多くは経済的な対立の延長線上で発生していますし、戦争の勝敗のカギを握るのもやはり経済力です。また圧倒的な経済体力の差があれば、戦争そのものを回避することも可能です。つまり、戦争とお金との間には、切っても切り離せない密接なつながりがあるのです。

本書はこうした戦争とお金の関係性について論じたものです。

詳しくは後述しますが、平時の経済活動が活発で、人の往来が多く、新しい技術やサービスがたくさん登場する国ほど、実は高い戦争遂行能力があります。

また、高度な金融市場を持ち、世界各国からお金を集めることができる国は、圧倒的に有利な立場で戦費を調達することが可能です。

一方、内向きで経済が活発でない国は、戦争でも大きな成果を上げることはできません。つまり、強い国家になるためには、日常的なビジネスを活発にすることが何よりも重要となるのです。

日々の営業活動や買い物が、国家の戦争遂行能力に結びついているといわれても、あまりピンとこないかもしれません。しかし、こうした**日常的な力の差が、戦争の勝敗を決定づけることになり、最終的には戦争そのものを回避する有力な手段となる**というのが現実なのです。

日本は常に紛争に巻き込まれるリスクを抱えている

中国の軍事的台頭や安保法制の成立など、このところ、日本をとりまく環境は大きく変化しています。

しかし、朝鮮半島や中国をめぐる各国の経済的な利害対立は、今に始まったことではなく、基本的な図式は何も変わっていません。これは、歴史を振り返れば容易に理解することができるはずです。

戦争はないに越したことはありませんが、昔から日中韓の3国は、紛争の火種を抱えており、日本は何らかの形で国際紛争に巻き込まれるリスクを常に抱えているのです。

国会でかなりの論争となった安保法制の問題も同様です。

米国は現在でも継続的に戦争を実施しており（その是非はともかくとして）、日本はその最大の同盟国の1つです。安保法制の有無にかかわらず、日本が米国の戦争に関わる可能性は常に存在していると考えたほうが自然でしょう。

日本人は、太平洋戦争以後、自らが当事者となる戦争を経験していませんから、戦争が経済にどのような影響を与えるのか、基本的な感覚を持ち合わせていません。

しかしこうした状況はあまり望ましいものとはいえないはずです。

「戦争は他の手段を持ってする政治の継続である」という『戦争論』（クラウゼヴィッツ1780年～1831年）の一節を引き合いに出すまでもなく、経済的な対立が政治的な対立となり、そして軍事的な対立に発展する可能性は常に存在しています。

戦争が起こった時、経済や社会がどう動くのかについてあらかじめ知っておくことはとても重要です。

また、戦争が発生すると、そこには巨額のマネーが動くことになりますから、ある種の人にとっては、大きなビジネスチャンスになり得ます。人の死を背景にしてお金儲けをするというのは不謹慎な話ですが、これも戦争が持つもう1つの側面でもあるわけです。

こうしたことからも、戦争とお金の関係は切り離すことができないどころか、むしろ一体として考えるべきものであることがおわかりいただけると思います。そうであるならば、私たちは、戦争とお金の問題について、もっと真剣に向き合う必要があるでしょう。

戦争とお金に関するしっかりとした知識があれば、いざという時に慌てる必要がなくなりますし、他国と何らかの問題が発生した場合でも、感情的にならずに済みます。

本書においては、筆者が独自に収集した歴史資料も活用し、可能な限り定量的に、そして客観的に戦争とお金の関係についてまとめました。

内容構成は以下のようになっています。

第1章は、戦争のコストについて解説しています。日本と米国の主な戦争についてどの程度の費用がかかったのか、経済に対するインパクトはどの程度だったのかについて知ることができます。他の戦争に比べて太平洋戦争が無謀な戦争であったことが理解できるでしょう。

第2章は、戦争とお金の関係性についてです。戦争と経済、あるいは戦争と金融システムがいかに密接に結びついているのかについて解説しました。経済的なパートナーシップは実は、戦争と深く結びついています。このところ何かと話題のＴＰＰも同じ文脈で考えることが可能です。

第3章は戦争とマクロ経済です。戦争という行為がマクロ経済にどのような影響を与えるのか、理論的な面に加えて、過去の事例から検証しました。

第4章は、戦争と株価の関係です。戦争になると株価は様々な動きを見せます。過去の株価の動きから何がわかるのか探っていきます。太平洋戦争期間中、株価が意外にも堅調だった理由やインフレについても言及しました。

第5章は地政学についてです。日本では地政学は戦争の学問としてタブー視される雰囲気がありますが、世界情勢を理解する上で地政学の知識は不可欠です。

第6章では戦争とビジネスの関係について解説しました。米国や日本の軍需企業の実例や、戦時統制が経済に与える影響、預金封鎖の実態などがわかります。

第7章では、これからの戦争についての展望をまとめました。ITと戦争が密接に結び付くことで、戦争と日常の境界線が曖昧(あいまい)になりつつある現状について解説しています。

本書を一通り読んでもらえれば、戦争に対して特殊な感情を持たず、冷静に向き合うことができるはずです。これこそが、戦後社会に生きる私たちのあるべき姿といえるでしょう。

加谷珪一

◎目次

第2章
世界から見た戦争とお金

第3章

戦争と経済にはどんな関係があるのか

第5章 地政学を理解すれば世界の動きが見えてくる

第6章

戦争が起きた時、ビジネスはどうなるか

ブックデザイン　盛川和洋
図版作製　J-ART

第１章

戦争にはどのくらい お金がかかるのか

第1章は、戦争のコストについて解説します。

経済力と戦争遂行能力には、密接な関係性があります。

この章を読むことで、日本と米国の主な戦争でどの程度の費用がかかったのか、また経済に対するインパクトはどの程度だったのかについて理解を深めることができます。

1　戦争とお金の切っても切り離せない関係性

戦争には多額のコストがかかります。そのことは多くの人が認識していると思いますが、実際にどのくらいのお金がかかるのか具体的にイメージできる人はあまり多くないでしょう。戦争のコストについては細かく報道されませんし、経済に詳しい人でも、実はよくわかっていないということも多いのです。

しかし、**戦争の現実はお金そのもの**です。多くの戦争にお金の問題が関係していますし、兵器のハイテク化が進んだ今、その国の経済力は、戦争遂行能力に直結しています。**戦争の問題＝お金の問題**なのです。

結局のところ軍事費は経済水準で決まってくる

戦争にかかるコストとひとくちにいっても、その範囲や規模は様々です。かなり大がかりな戦争を遂行している時と、定常的な軍事活動しかない時では、必要なコストは変わってきます。

また大規模な戦争は長期にわたることになりますから、各年度の支出と戦費の総額にはかなりの乖離が生じます。

まずは、特に大きな紛争が発生していない平時における軍事コストというものを考えてみましょう。

図1－1は平時における各国の軍事費とGDP（国内総生産）の大きさを比較したものです。当然といえば当然ですが、世界最大の経済大国である米国の軍事費は突出しており、年間70兆円以上の金額を軍事費に支出しています。日本の国家予算（一般会計）が年間約100兆円ですから、米国は日本の国家予算に近い金額を常に軍事費として支出しているわけです。

次に金額が大きいのは中国です。中国の軍事費はここ10年、驚異的なペースで増加しており、周辺各国に脅威を与えています。中国はすでに年間25兆円程度を軍事費として支出していますが、中国政府の透明性は低く、総額でどの程度の支出があるの

図1-1 2014年における各国の軍事支出とGDP

	米国	ロシア	中国	ドイツ	日本
軍事費（年間）	6099億ドル	845億ドル	2164億ドル	465億ドル	458億ドル
GDP	17.4兆ドル	1.9兆ドル	10.4兆ドル	3.9兆ドル	4.6兆ドル
GDPに対する軍事費の比率	3.5%	4.5%	2.1%	1.2%	1.0%

出所）SIPRI、IMFなどから筆者作成

か、外部からは見えにくい状況です。実際にはもっと金額が多いという説もあります。

軍事費に対する支出の絶対額が同じでも、負担の大きさは国によってバラバラです。経済力がある国は、総額が多くても、無理なくそのコストを負担できます。一方、経済水準が低い国は、軍事力の維持が大きな負担になることもあるわけです。

北朝鮮のように国民を飢えさせてもよい国は別として、一定以上の生活水準がある国は、無尽蔵に軍事費を使えるわけではありません。最終的に軍事費は、GDPの一定割合に収まってくることになります。

ロシアは、表の中ではもっとも国民生活に犠牲を強いて軍事費を捻出している国ですが、それでもGDPに占める軍事の割合は4・5%程度です。

米国は3・5%、中国は2・1%程度、日本やドイツは1・0%程度となっています。ロシアは、先進国と比べると生活水準が低く、現在の軍事費水準はギリギリのラインと見ることができます。一般的にはGDPの1%から3%程度の範囲が適正水準といえるでしょう。

ちなみに全世界では1兆7500億ドルの軍事費が支出されています。全世界のGDPは77・3兆ドルなので、**GDPに占める軍事費の割合は、全世界を平均すると2・3%**ということになります。

全世界の軍事費における各国の割合では、米国が35%、中国が12%となっており、米中両国で世界の約半分の軍事費を使っている計算になります。**基本的に軍事力は、その国の経済力に比例するもの**です。平時の軍事費という点を考えると、世界第1位の経済大国である米国と、第2位である中国が世界の軍事費の半分を占めているという事実は、当然の結果と考えることができるでしょう。

近年は兵器のハイテク化がさらに進んでおり、経済力と軍事力の関係はますます密接になっています。最近、中国は経済成長が著しく鈍化していますが、それでも年数%の成長余力があります。GDPに対する軍事費の割合が米国よりも低いことを考えると、中国の軍事的脅威はまだまだ拡大する可能性があります。私たち日本人は、冷静にこの現実を理解しておく必要があるでしょう。

日本の軍事支出が相対的に減っている理由

中国をはじめとするアジア各国が軍事支出を年々増大させる一方、日本は過去20年間、ほとんど軍事費（防衛費）が変わっていません。それには2つの理由があります。

1つは、日本政府が防衛費に対して上限を設定する政策を長く続けてきたこと。もう1つは、日本が過去20年間まったく経済成長を実現していないことです。

日本では、1976年に三木内閣が、防衛費をGDP（当時はGNP）の1％以内に収めるという閣議決定を行い、それ以後、防衛費は、常にGDPの1％以内になるよう制限されてきました。1986年に中曽根内閣がこの制限を撤廃し「総額明示方式」と呼ばれる防衛予算策定方式を導入しましたが、実質的にはGDP1％枠が続いている状況です。

この制限に加え、日本が経済成長をまったく実現できていないため、相対的な軍事費はむしろ縮小するという状況になっています。

過去20年間で、米国のGDPは2・4倍に、ドイツは1・8倍、ロシアは6・7倍、中国に至っては18・4倍に成長しました。同じ期間における日本のGDPはほぼ横ばいという状況です。GDPに対する軍事支出の比率が同じでも、各国はGDPを大きく増大させていますから、日本の軍事費は相対的に小さくなってしまったわけです。

1994年時点において、ドイツの軍事費は日本の8割程度しかありませんでしたが、現在では日本を上回る支出となっています。しかしドイツにおける軍事費のGDP比はむしろ以前より低下しています。この差は、順調に経済成長できた諸外国と経済に躓(つまず)いた日本の差と考えてよいでしょう。

日本はグローバルな競争社会に背を向け、経済成長を犠牲にする選択をしてきました。もし日本が米国など諸外国と同レベルの経済成長を実現し、国際的な平均水準であるGDP比2%を防衛費にかけていたと仮定すると、現在の防衛費は中国とほぼ同じ水準になります。

この事実1つとっても、経済と戦争を分けて考えることができないということがよくわかります。

2　国家予算の280倍のお金をつぎこんだ戦争

一方、有事になると状況は大きく変わってきます。現代では大国間の全面戦争というケースはほとんどありませんが、太平洋戦争以前は、日本を含めて各国とも大規模な戦争をかなりの頻度で繰り返していました。大規模な戦争ということになると、その費用は平時と比べてケタはずれに大きなものとなります。

比較的安上がりだった日清戦争と日露戦争の戦費

日本は、明治維新以後、日清戦争、日露戦争、太平洋戦争という3つの大きな戦争を行っています。これら3つの戦争ではどのくらい経費がかかったのでしょうか。

明治維新後の日本にとって最初の大規模な戦争となった日清戦争の戦費は、当時の金額で約2億3000万円、日本にとってははじめての近代戦となった日露戦争の戦費

図1-2 日清戦争・日露戦争・太平洋戦争 戦費比較

戦費総額
18億3000万円

戦費総額　2000億円
1,400万人
戦費
GDP
8.8倍
日中戦争・太平洋戦争

出所）大蔵省・日本銀行

は約18億3000万円でした（図1－2）。

当時と今とでは物価水準が大幅に異なっていますから、金額を直接比較することはできません。また政府がどの程度の支出を行うのかについても時代によって変化しますから、国家予算との比較も参考となる程度でしょう。戦争にかかったコストを適切に比較するには、やはりGDPとの対比がもっとも有効です。

日清戦争開戦当時のGDP（当時はGNP）は13億4000万円だったので、戦費総額のGDP比は0・17倍でした。現在の日本のGDPは約500兆円ですから、0・17倍という数字を当てはめると85兆円という金額になります。現在の国家予算は約100兆円ですから、国家予算に匹敵する金額を1つの戦争に投じた計算となるわけです。

一方、日露戦争の開戦当時のGDPは約30億円だったので、戦費総額のGDP比は0・6倍ということになります。日露戦争は、日清戦争の時よりも、はるかに戦費負担が大きくなりました。現在の金額に当てはめると、300兆円ということになりますから、国家予算の3年分です。

日清戦争から10年後に遂行された日露戦争は、発達したグローバル経済を背景とした、日本にとってはじめての近代戦となりました。日清戦争とは異なり、最新鋭の艦船やハイテク兵器が多数投入されたため、戦争遂行期間がほとんど同じであるにもかかわらず、日清戦争の8倍もの戦費を必要としたわけです。

これが太平洋戦争になると根本的にケタが変わってきます。

太平洋戦争（日中戦争を含む）の名目上の戦費総額は約7600億円。日中戦争開戦時のGDPは228億円なので、戦費総額のGDP比率を計算すると、何と33倍に、国家予算に対する比率では280倍という天文学的数字となります。

占領地で通貨を乱発して何とか戦費を調達

ただこれには少々カラクリがあります。

太平洋戦争は日本の経済力を無視した戦争であり、そもそも遂行が不可能なものでした。通常の手段でこの戦費を調達することはできず、**戦費のほとんどは日銀の直接引き受けによる国債発行で賄（まかな）われました。**

日銀が無制限に輪転機を回すということですから、当然のことながらインフレが発生します。終戦後、これが準ハイパーインフレという形で爆発しますが、戦時中から、すでに物価水準はどんどん上がっていきました。

さらに、日本軍は占領地域に国策金融機関を設立し、現地通貨や軍票（一種の約束手形）などを乱発して無謀な戦費調達を行いました。

これによってアジアの占領地域では、日本をはるかに超えるインフレが発生しています。占領地では相当のインフレになっているにもかかわらず、名目上の交換レートは従来のまま据え置かれましたから、書類上は占領地の軍事費が膨れ上がることになるわけです。

したがって、これらの戦費を実質ベースで計算しなおせば、経費はもっと少ない数字になる可能性が高いでしょう。とりあえず、日中戦争以降の国内インフレ率を考慮すると、約2500億円程度と計算されます。さらに、占領地のインフレ率を国内の1・5倍と仮定すると、おおよそ2000億円となります。

残念ながら当時の日本は国家総動員体制で経済活動が統制されており、物価の正確な水準を把握するための十分な統計データが揃っていません。これ以上、正確な戦費を計算するのは難しいというのが現実です。ただ、おおよその戦費という意味では、2000億円程度と考えて間違いありません。

戦費総額を2000億円と仮定すると、GDPとの比率は約8・8倍に、国家予算の比率は74倍となります。

先ほどの数字に比べればかなり小さくなりましたが、それでも途方もない金額であることに変わりはありません。現在の価値に置き換えれば、4400兆円もの費用を投入したことになります。

これらの戦費は、戦後に準ハイパーインフレを引き起こし、最終的には、預金封鎖によって国民から財産を強制徴収する形で埋め合わせが行われました（これについては第6章で後述します）。

3　米国の戦争負担は思いのほか軽い

それでは、もう一方の当事者である米国はどうだったのでしょうか。米国にとっても、太平洋戦争は負担の大きい戦争でした。太平洋戦争を含む第二次世界大戦は、米国の歴史の中でも突出して戦費のかかった戦争です。

財政の維持が厳しい日本、余裕の米国

図1－3にあるように第二次世界大戦の戦費総額は、約3000億ドル。開戦当時の米国のGDPは920億ドルなので、GDP比は3・2倍となります。絶対値としてはかなり大きい数字ですが、GDPの8・8倍を投入した日本と比べると相対的な負担はかなり軽いと見てよいでしょう。

ちなみに当時の米国のGDPは、名目値で日本の10～12倍、購買力平価でも5倍以

図1-3 米国の各戦争経費の比較

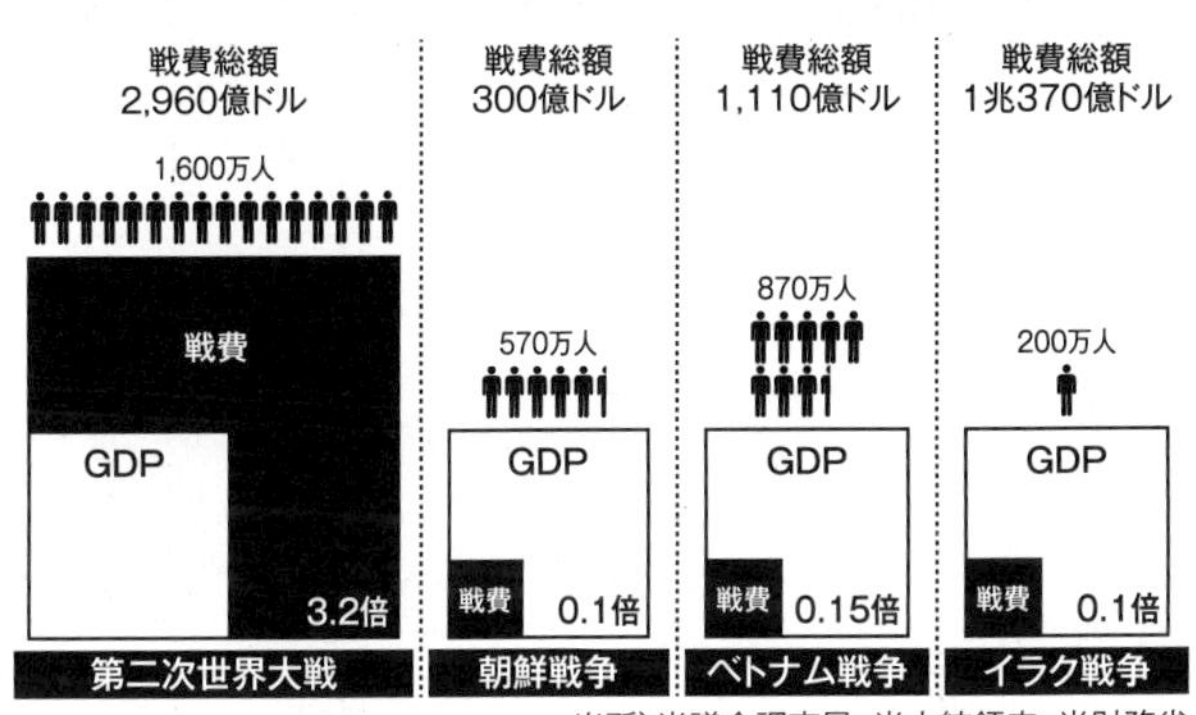

出所）米議会調査局、米大統領府、米財務省

上の差がありました。

10倍以上の経済規模があり、極めて高い技術力を持つ米国と全面戦争したわけですから、常識的に考えて勝ち目はありません。もう一方の当事者である米国側の数字からも、やはり日本が太平洋戦争を戦う合理性はないと判断せざるを得ないでしょう。

米国は第二次世界大戦後、朝鮮戦争、ベトナム戦争、湾岸戦争、イラク戦争という4つの大きな戦争を実施しています。これらの戦争は、絶対水準としては決して小規模なものではありませんが、米国の経済規模が突出して大きくなっていますから、経済規模に対するインパクトはそれほど大きくありません。

朝鮮戦争は、のべ５７０万人の兵力と３００億ドルの経費を投入しています。しかし期間が36カ月と比較的短期間で、ＧＤＰとの比率では０・1倍と低い水準に抑制されていました。

泥沼の戦争と呼ばれ、米国衰退のきっかけになったともいわれているベトナム戦争も、数字上はそれほど大きなインパクトではありません。のべ兵力は８７０万人、戦費総額は１１００億ドルに達しますが、ＧＤＰに対する戦費の規模は０・15倍であり、朝鮮戦争の１・５倍程度です。

イラク戦争の戦費は1兆３７０億ドル、のべ動員兵力は２００万人です。米国経済は90年代に入って再びめざましい成長を遂げましたから、イラク戦争のＧＤＰ比もわずか０・1倍にとどまっています。

各戦争の戦費負担は、すべてＧＤＰ比の15%以内に収まっていることがわかるでしょう。戦争は数年にわたって実施されることになるので、1年あたりの金額はさらに小さくなります。太平洋戦争以降の米国にとって、これらの戦争を遂行する経済的な負担は大きくなかったというのが現実です。

図 1-4　年間軍事費の対 GDP 比の推移

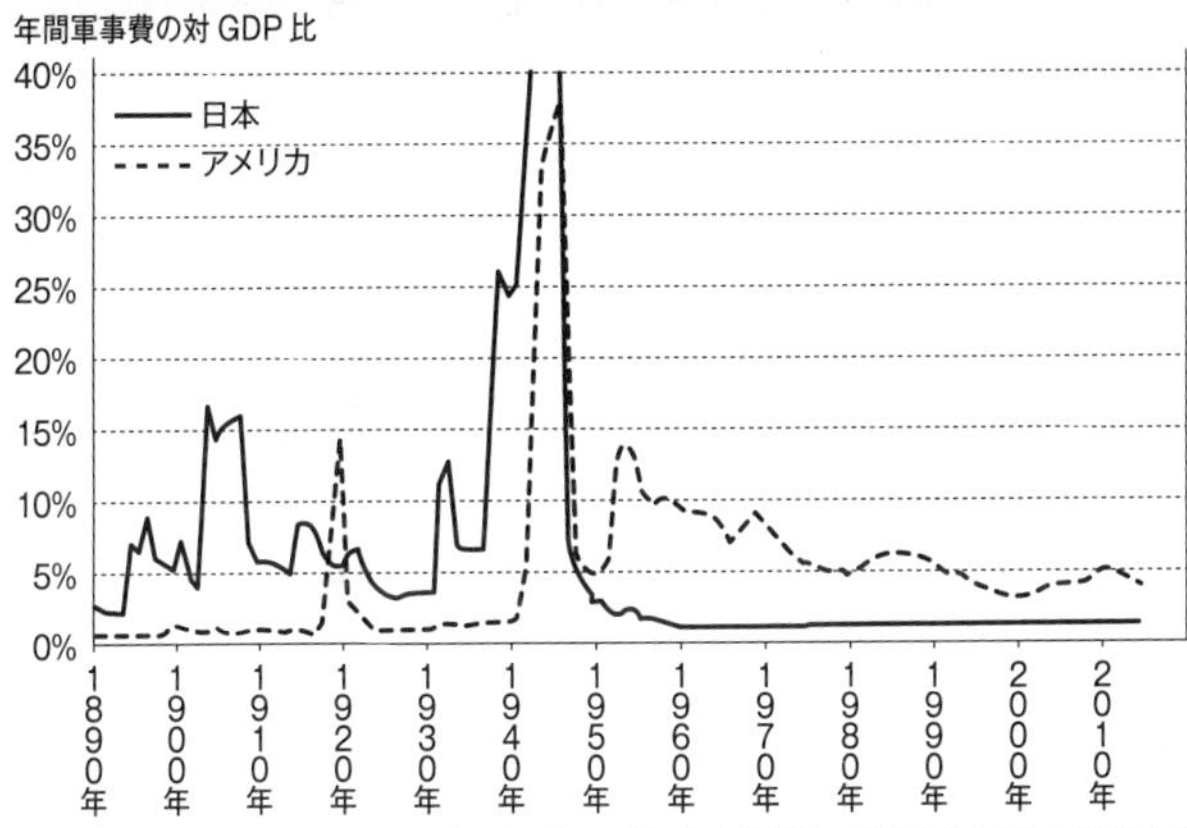

出所）財務省、日銀、米大統領府、米商務省などから筆者作成

図1－4は日本と米国の年間軍事費とGDPの比率の推移に関するグラフです。戦前の日本は経済の基礎体力が小さいですから、相対的に米国よりもかなり無理をして軍事費を支出している様子がよくわかります。太平洋戦争末期のピーク時には、1年の軍事支出がGDPを上回る水準となっており、財政の維持が不可能な状況にまで追い込まれました。

米国は第二次世界大戦のピーク時であっても、年間の軍事支出はGDPの3割に収まっています。また戦後は朝鮮戦争で出費が増えるものの、その後は、経済成長のペースが速く、基本的にＧＤＰに占める軍事費の割合は下がる一方です。

ちなみに、戦後の日本は、本章でも言及したように、防衛費のＧＤＰ比１％枠という政策によって、軍事支出のＧＤＰ比はほとんど変化していません。

経済が強い国は着実に戦争を実施できる

ベトナム戦争は、当初、インドシナ半島の共産化を防ぐという目的で実施されましたが、次第にその本質的な目的を見失い、最終的にはほとんど何も得るものがないまま全面撤退に追い込まれました。

イラク戦争も、当初はテロとの戦いという大義名分がありましたが、最後には何のためにイラクと戦っているのか、はっきりしない状況に陥りました。

両戦争とも、米国の政治や社会に極めて大きな影響を与えていますが、冷静に数字を見ると、少なくとも経済的にはそれほど大きな影響はありません。

日本では、ベトナム戦争やイラク戦争によって米国が疲弊した、あるいは経済的に行き詰まったので戦争を始めたというトーンで語られることが多いのですが、これも

1つのイメージに過ぎません。数字を見ると実態はむしろ逆であり、**強い経済があったので、長期間戦争を遂行できた**と解釈する方が自然でしょう。

これは英国のフォークランド紛争の事例からもわかります。

英国とアルゼンチンは、1982年に南大西洋のフォークランド諸島の領有権をめぐって戦争となりました。フォークランド紛争の戦費についてはいくつかの解釈がありますが、総額で約30億ポンドの金額を費やされたといわれています。

当時の英国のGDPは2380億ポンドですから、GDP比は1・2%、国家予算は約900億ポンドなので、国家予算比では3・3%ということになります。現在の日本に当てはめれば約3兆円から6兆円規模の支出ということですので、全体から見れば大した金額ではありません。

当時は、サッチャー首相による徹底した構造改革が行われており、英国は長い経済的苦境から脱しつつある状況でした。サッチャー氏は、参戦を一人で決断したといわれていますが、上向きつつある経済が重要な決断を後押しした可能性は高いでしょう。

フォークランド紛争に勝利したことで、サッチャー氏の支持率は急上昇し、彼女が進める構造改革も国民に支持されることになりました。

フォークランド紛争をきっかけに、英国の株価はさらに上昇する結果となっています。

4　戦争に必要なお金は何に使っているのか？

ひとくちに戦争のコストといっても、その資金使途は様々です。

最初に思い浮かべるのは、**車両、航空機といった装備品や、弾薬、ガソリンなどの消耗品に関する支出**でしょう。これらは、作戦の規模が大きくなるほど、軍隊の規模が大きくなるほど増加してくることになります。

兵員の人件費や生活費なども必要となります。軍隊の編成単位の1つに師団というものがありますが、これはだいたい1万人程度の兵員で構成されています。1個師団の部隊を1日動かすだけで、1日3食の1万人分ですから、3万食分の食料が必要となります。また軍隊は巨大な公務員組織ですから、兵員に対する給料の支払いや人事の管理だけでも相当な事務作業が発生します。これを担当する**事務職員**も大量に雇わなければなりません。また、**新しい兵器を開発するための研究費用や医療施設の運営費**なども必要となってきます。

図1-5 米軍の軍事費の配分（2014年）

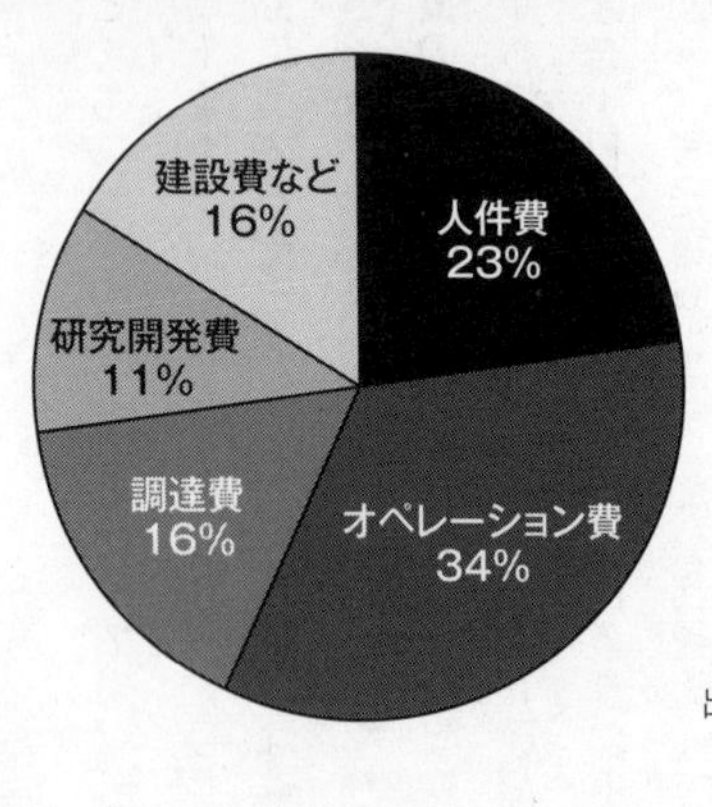

出所）米国防総省

軍事費で人件費より燃料や資材費の割合が多い理由

図1－5は米軍における軍事費のおおよその内訳です。軍事費全体のうち、もっとも大きな割合を占めているのが、燃料や資材など、**軍事的なオペレーションの実施に必要となる経費**です。オペレーション費は全体の約34％を占めています。

次に多いのは人件費で全体の約23％程度、続いて装備品の調達費が約16％、研究開発費が約11％と続きます。

先ほど米国の戦費について解説しましたが、朝鮮戦争からイラク戦争までの戦費と動員兵力の関係を見ると興味深いことがわかります。年代が新しくなるにつれて、戦費総額が大きくなりますが、兵員数はあまり増えていません。つまり兵器のハイテク化がかなりのスピードで進行しており、**戦争のコストに占める人件費の割合が低下しているのです。**

この動きは、ドローン（無人機）などのロボット兵器の登場で、今後、再び加速する傾向にあります。各国はハイテク兵器への支出を増やし、人員を次々に削減しています。**近い将来、先進国にとっての戦争は、人員をできるだけ投入しないスタイルに変わっていくでしょう。**

直近の動向を見てもそれは明らかです。1980年時点における米軍の兵員数は200万人以上でしたが、2014年は134万人まで減っています。

こうしたトレンドに反して、先進国では日本だけが、防衛予算に占める人件費の割合があまり変化していません。兵器のハイテク化ということを考えると、少々気になる傾向といえます。

それはともかくとして、戦争に対する支出というものは、年々、**装備や関連技術に対する支出というニュアンスが強くなっている**と考えた方がよいでしょう。

一方で、装備品の調達に対する支出については思いのほか少ないという印象を持ったかもしれません。

たとえば空母は単純な建造費だけでも数千億円のレベルですし、航空機も1機あたり100億円を超えることも珍しくありません。こうした装備品を大量に調達すれば、あっという間に予算のほとんどを使ってしまいそうです。

一般的に装備品の調達は、一度に行わず分割して実施されます。艦船なども、建造の進捗に合わせて支払いを実施するといった措置が取られますので、すべての費用を一回で支払うわけではありません。また、こうした装備は常にメンテナンスを行い、修繕を重ねていく必要があります。トータルコストということになると、初期の調達費用をはるかに上回る金額が投じられることになります。

このため、装備にかかる総費用というのは、毎年の予算額に出てくる数字だけではなかなかわかりにくいものがあります。こうした金額について理解するためには、**どのような装備を何年かけて、トータルでいくらの支出を実施するのかという視点が必要となります。**

防衛費は予算の仕組みも特殊

ちなみに、政府の予算は、一般的に単年度主義と呼ばれる仕組みになっており、その年に徴収した税金で、その年に必要な経費を賄う必要があります。今年は払えないので、来年以降に支払うといったような、一種のツケのようなことはできないルールになっているのです。その理由は、政府がそのようなことを行ってしまうと、支出に歯止めがかからなくなり、財政が破たんしてしまう可能性があるからです。

しかし、先ほど説明したように、防衛費の中には、複数年度にわたって調達を実施するものもあります。このため、防衛費など特殊な状況にある予算については、国庫債務負担行為といって、複数年度にわたる予算をある年度の予算で確保するという仕組みが用いられることがあります。したがって、**防衛省が毎年支出する金額と、予算として確保した金額はズレが生じる**ことになります。

また、装備品についても、特注になるケースもしばしばあり、これを請け負うメーカーにとっては大量生産によるコストメリットを享受できないことがあります。このため、単価に一定の利益率を上乗せするGCIP（一般管理及び販売費率、支払利子率、及び利益率）という算出方法が用いられたりしています。

こうした仕組みは、防衛予算を扱う上ではやむを得ないものですが、一方で予算の不透明性につながるという指摘も出ています。

5　空母のトータルコストは4兆円

では、軍隊の装備品には具体的にどのくらいのお金が必要となるのでしょうか。

ここでは、原子力空母を例に、トータルでどの程度のコストがかかるのかについて考えてみたいと思います。

空母は、世界戦略の中核となる装備

空母（航空母艦）とは、飛行甲板を持った大型艦のことで、大量の航空機を運び、紛争地域の近くで航空機を展開することができます。空母を1隻保有していれば、小国1国を滅ぼすことは容易ともいわれており、空母を持つことの意味は極めて大きいというのが現実です。現代の軍隊ではもっとも重要で、かつ高額な装備品の1つといってよいでしょう。

米国は現在、原子力空母を11隻保有していますが、オバマ政権は米国の安全保障政策の転換を進め、中東への関与を大幅に縮小しました。またこれに合わせて、大規模な軍縮を実施しましたから、空母の保有数についても、削減しようという動きが見られました。

かつて空母は、米国の世界戦略の中核となる兵器であり、空母をたくさん保有することが、そのまま米軍のプレゼンス強化につながっていました。しかし最近では、兵器のハイテク化やコンパクト化が進み、空母のコスト効率の悪さが目立つようになってきています。

一方で、中国の軍事的台頭から、まだまだ空母は必要という見解もあり、米国内では空母の是非をめぐって激しい議論が行われています。将来的に空母がどうなるのかはまだわかりませんが、当分の間、米国の中核的な装備という位置付けは変わらないでしょう。

空母は50年かけてコストを支払っていく

図1－6は、現在、米海軍の主力となっているニミッツ級原子力空母のコスト総額を示したものです。空母の建造から運用、廃棄までに必要なコスト総額は約4兆円となります。しかし、この4兆円は一度に必要となるわけではありません。

現代の原子力空母の耐用年数は約50年ですから、50年という年月をかけて総額で4兆円が支払われることになります。

空母の配備で最初にかかる経費は当然のことながら、空母そのものの建造費です。原子力空母の直接的な建造費は約7300億円になります。しかしこれは、艦の建造に必要な初期コストに過ぎません。

先ほど説明したように、原子力空母は通常、50年の耐用年数があります。しかし、建造してから25年を経過すると、内部の原子炉に装塡(そうてん)されている核燃料を交換する必要があり、胴体を切断する大規模な工事を実施しなければなりません。これには通常2年から3年の期間と、4300億円のコストを必要とします（通常型空母であって

図1-6 空母に必要となるコスト

	通常空母	原子力空母
建造費	5200億円	1兆1600億円
初期建造費	3700億円	7300億円
大規模修繕費	1500億円	4300億円
オペレーション費用	2兆円	2兆7000億円
廃棄費用	100億円	1600億円
核燃料保管コスト		23億円
費用総額	約2兆5000億円	約4兆円
1年当たりの費用	約500億円	約800億円

出所）米国会計検査院、米労働省などから筆者作成

も、50年の耐用年数をまっとうするためには、やはり大規模な改修工事が必要となります）。最終的に艦の建造や修繕に必要なコストの総額は約1兆1600億円となります。

ちなみに、米軍は日本の横須賀基地に原子力空母ジョージ・ワシントンを配備していましたが、同艦は2015年からこの大規模修繕期間に入るため米国に帰還しています。現在は、その代役として同型艦であるロナルド・レーガンが、同じく横須賀に配備されています。

原子力空母は1年のうち半分程度しか稼働できない

費用の中でもっとも大きいのは、オペレーションに関するものです。オペレーション・コストの総額は約2兆7000億円となっています。これは空母を運用するために毎年必要となるコストをすべて足し合わせたものになります。さらに退役した後の解体費用や原子力空母の場合には核燃料特有のコストなどが加わり、最終的には4兆円のコストが必要となります。この金額を50年で割ると、単純計算では毎年800億円の経費がかかる計算です。

現実的なオペレーションを考える場合には、さらに事情が複雑になります。

原子力空母は、燃料を補給することなく、半永久的に機関を稼働させることができますから、いつでも艦を動かせるというイメージがあります。しかし現実には、原子力機関の運転には様々な制約があり、毎年一定期間の小規模なメンテナンスが必要となります。また、カタパルトと呼ばれる航空機を発艦させるための装置は、負荷が大きく痛みやすいという特徴があります。これについても、かなりの頻度で修繕を実施しなければ使いものになりません。
この結果、**原子力空母は実は1年のうち、半分程度の期間しか稼働させることができません。**実際、日本に配備されている原子力空母は、毎年5月頃、任務航海に出航し、夏休みを挟んで12月頃に帰港。その後、翌年の春までメンテナンスに入るというのが通常のオペレーション・パターンになっています。

1年のうち、いつでも作戦行動に出られる状態にしておくためには、最低2隻の空母が必要となりますから、当然のことながらコストも2倍かかります。米軍が11隻もの空母を保有しているのはそのためです。

また空母は通常、単独では行動せず、巡洋艦や駆逐艦などと艦隊を組んでオペレーションを実施します。このため横須賀基地には、空母に随伴するための巡洋艦や駆逐艦が11隻ほど配備されています。最終的なコストを考える際には、こうした随伴艦のコストも含める必要があるわけです。

中国の空母が実用的になるまでにはもう少し時間がかかる

　ちなみに米国は近年、アジア太平洋地域の安全保障について、日本など同盟国にその一部を担って欲しいと考えるようになってきました。米国単独で世界の警察官として振る舞うのではなく、日本などを含めた地域安全保障ネットワークを構築するという考え方です。

　日本の海上自衛隊が配備している護衛艦は、米国の巡洋艦や駆逐艦とある程度、共通した仕様で建造されているのですが、その理由は米軍との共同作戦を想定しているからです。海上自衛隊が保有している各種の護衛艦は、地政学的な観点から見れば、米軍の第七艦隊と同一ということになるでしょう。

　一方、中国はアジア太平洋地域での影響力を高めるため、中国としては初となる空母「遼寧（りょうねい）」を2012年9月に就役させています。2013年4月には、2隻目の空母を建造する方針を明らかにしていましたが、今年の1月になって、正式に2隻目の建造を発表しました。

空母の開発や運用には、相当な経験の蓄積が必要といわれています。「遼寧」は旧ソ連製の空母「ワリャーグ」を改修したものであり、中国がゼロから建造したものではありません。まずは遼寧でノウハウを蓄積し、その後の国産空母につなげていくという流れです。

2隻目の空母は、遼寧でのノウハウをもとに中国が独自に建造します。排水量は5万トン前後と見られ、原子力ではなく通常動力が用いられる予定です。遼寧は基準排水量が5万5000トン、満載排水量は6万7500トンですから、初の国産空母は遼寧と同程度の大きさになる可能性が高いでしょう。

中国による空母配備は、日本や米国にとっては脅威ですが、**中国が完全に空母運用のノウハウを蓄積するまでには、もう少し時間がかかると見た方がよいでしょう。**

第２章

世界から見た戦争とお金

第2章は、戦争とお金の関係性について解説します。

前章で見てきたように、日露戦争と太平洋戦争との間には、非常に大きな隔たりがあります。日露戦争も日本にとっては、国家の命運をかけた戦争であり、まさに総力戦といってよいものでした。

しかし太平洋戦争のように、経済を完全に破たんさせ、準ハイパーインフレを発生させるようなお金の使い方はしていません。勝ったのか、負けたのかという結果以前に、戦争の計画性そのものに大きな違いがあります。

1　グローバルな金融システムと戦争の関係性

日露戦争の費用はニューヨークとロンドンで調達した

日露戦争と太平洋戦争の違いのカギを握っているのは、**グローバルな金融システムの活用**です。

あまり知られていませんが、日露戦争は、当時、急激に発達しつつあったグローバルな金融システムとイノベーションをフル活用した戦争でした。一方、太平洋戦争はこうしたグローバル社会に背を向け、ガラパゴスな状況で遂行した戦争です。これが、両者を決定的に違ったものにしています。

日露戦争の戦費のほとんどは、グローバルに事業を展開する英国と米国の投資銀行を経由して、ロンドンとニューヨークで調達されました。

当時の世界情勢は、圧倒的な経済力を持つ英国が、同国の通貨であるポンドを全世界に流通させ、基軸通貨国として君臨しているという図式でした。英国は、グローバル・スタンダードであり、まさに今の米国に相当する地位にいたわけです。ロンドンの金融街シティには、世界中の富が集まっており、世界の中心ともいうべき場所となっていました。

また米国は、英国を追い上げる新興国としてその存在感を世界に示し始めている時期でした。ウォール街も英国のシティに準じる金融ハブに成長していたのです。日露戦争の戦費は、覇権国家である英国と、それを追い上げる新興国である米国の金融街で調達されました。

しかも当時の資金調達の責任者であった高橋是清(たかはしこれきよ)(のちに蔵相、首相。2・26事件で暗殺)は、世界の投資家を相手に見事なプレゼンテーションを行っています。戦争の意義やその合理性をアピール。投資家を十分納得させた上での国債発行ですから、まさに**グローバル・スタンダードに合致した戦争**ということになるでしょう。

日本がこの時外債を使って調達した資金は、その多くがポンドのまま英国の銀行に預けられました。日本までの輸送にリスクと経費が伴うということもありますが、最大の理由は、**英国から購入する兵器の代金を決済するための外貨が必要だったから**です。

英国から大量のハイテク兵器を導入

当時の英国は覇権国家ですから、テクノロジーの面でも世界最高水準でした。日露戦争の勝敗を決定づける要因の1つとなった日本海海戦では、日本の連合艦隊とロシアのバルチック艦隊が対馬沖で戦い、日本側が勝利を収めています。

この時、日本の連合艦隊の旗艦となったのは「三笠」という船なのですが、これは英国ヴィッカース社製の最新鋭の戦艦です（三笠は太平洋戦争後、米国の支援によって横須賀に保存されましたので、今でも見学することができます）。三笠は、今でいうところの最新鋭の米国製イージス艦といったところでしょう。また日本の艦船が燃料として用いたのは、やはり英国製の高級無煙炭で、煙が少なく視界を邪魔せず、機関を高出力で運転できるという特徴がありました。

つまりロシアに勝つためには、ハイテク兵器を英国から大量に調達する必要があり、ロンドンで外貨を決済することが大前提だったわけです。

英国の金融システムとの連携がこれほどスムーズに進んだのは、実はその前から、日本と英国との間に、金融システム構築に関する実績があったからです。そのきっかけとなったのは、1つ前の戦争である日清戦争の戦後処理です。

日清戦争は、朝鮮半島の支配権をめぐって清(中国)と日本の間で勃発した戦争です。歴史の教科書などを読むと、日本は日清戦争の勝利で得た清からの賠償金を元に金本位制を開始したと書いてあります。しかし、厳密にいうと、この記述は正しいものではありません。

清からの賠償金は当初、「銀」で支払われる予定でしたが、清には日本に支払うだけの銀がありませんでした。このため清は、当時の覇権国である英国に対して外債を発行、賠償金相当額のポンドを借り入れて銀を購入し、日本に支払うつもりでした。しかし、大量の銀を一度に清が購入すると、銀価格が暴騰し、国際的な銀市場が混乱してしまいます。また、大量の銀地金を日本に移送しなければなりません。これではコストもかかりますし、盗難や事故のリスクも抱えることになります。

そんな中、清からの支払い方法が銀から英ポンドに変わり、英ポンドを金とみなす、という手法が浮上しました。結局、**日本政府は賠償金を英ポンドのままで受け取り、これを金地金と同じ価値があるとみなして金本位制をスタートさせたのです。**しかも、そのポンドは日本ではなくロンドンのシティに預金されていました。

これは今の時代に当てはめれば、日本政府がドルをウォール街の銀行にたくさん預金しているので、これを担保に日本円を発行したことと同じになります。国家の金融システムの根幹を担う金準備が、実は金ではなくポンドという紙切れで担保されており（一応、ポンドと金の兌換は保証されていますが）、しかも、そのポンドは日本政府が管理できない英国の民間銀行に保管されていたのです。

グローバルな金融システムを否定する人からみればとんでもないと憤慨するかもしれませんが、現実に明治政府はこうしたやり方で通貨制度をスタートさせ、それをうまく軌道に乗せています。

当然、英国の金融システムとは密接な関係が構築されることになりますから、これが最終的には日露戦争に対する英国の支援や資金調達につながっていくわけです。**当時の明治政府の指導者は、グローバルな金融システムの仕組みを十分に理解していた**と見てよいでしょう。

2 太平洋戦争の敗北理由は「お金」と「技術」

グローバルな金融システムをフル活用した日露戦争と正反対だったのが、太平洋戦争の戦費調達です。日本はそれまで友好関係を保っていた英米と中国政策をめぐって対立。最終的には太平洋戦争という形で全面戦争に突入してしまいます。

満鉄自慢の情報処理システムは米IBM製だった

太平洋戦争では、グローバルな金融システムの中核となっている英国と米国の両方を敵に回してしまいましたから、日本は国内で資金を調達するしか方法はありません。しかし、当時の日本は今ほどの経済大国ではなく、戦費の調達にはかなりの困難が伴います。最終的に選択されたのは、日銀が無制限に輪転機を回すという方法であり、その結果は、敗戦と準ハイパーインフレでした。

多くの歴史が物語っているように、**戦争とは経済活動そのもの**です。戦争が始まる前から、その国の経済力によって戦争の勝敗はかなりの部分まで決まっています。また経済力はその国の技術力とも密接に関係しており、**経済力の弱い国が、高い技術力を持つことは現実的に不可能です。**日本と米国には、当時、かなりの体力差がありましたから、当然、テクノロジーに関する格差も相当なものでした。

日本は当時、満州に進出しており、南満州鉄道（満鉄）という国策会社を運営していました。満州は日本の生命線と位置付けられ、満鉄には日本が誇る世界最高水準の技術や経営管理手法が導入されていると軍部は宣伝していました。

しかしその実態は、宣伝とはだいぶ様子が異なっていたようです。

満鉄の車両には、当時としては非常に珍しい冷房装置が搭載されていましたが、その冷房装置の原型を製造したのは日本企業ではなく米国企業でした。現代風の言葉でいえば〝パクリ〟です。また満鉄本社には、最新鋭の情報処理システムが導入され、伝票管理が機械化されていました。「東洋の誇り」と謳(うた)われた満鉄の経営管理システムですが、そのシステムを納入していたのは何と米ＩＢＭ社でした。

つまり日本はこれから戦争しようという国に、多くの技術を依存してしまっていたわけです。客観的に見て、このような状態で戦争に勝てる可能性は限りなく低いでしょう。

このように書くと、日本にはゼロ戦や戦艦大和など優れた技術がたくさんあったという反論が出てくるかもしれません。しかしここでいうところのテクノロジーというのは、職人芸的な技を持っているという意味ではありません。

社会全体として、システマティックにテクノロジーを使いこなせるのかが重要であり、それができなければ、ビジネスはもちろんのこと、ましてや戦争に勝つことなど不可能です。

ゼロ戦は確かに高性能な戦闘機ですが、米国は、スペック的にはゼロ戦に劣るものの、堅牢（けんろう）でコストが安く、メンテナンスが容易で安全性の高い航空機を大量投入してきました。パイロットの育成もシステム化されており、**乗務員の個人的な能力にできるだけ依存しないような体制が組まれていたのです**。テクノロジーというのはこのようなことを指します。非常に残念なことですが、当時の日本のテクノロジーは米国と比較して大幅に遅れていたというのが実態です。

最大の問題は、そうした指摘がありながら、その声が無視され、最終的な意思決定に生かされなかったことでしょう。

日本は戦後、驚異的な経済成長を実現し、技術大国と呼ばれるまでになりました。しかし、基本的な体力差を直視しない、職人芸的な技を過大評価し、システマティックな部分を軽視する、現状に対する批判を社会として受け入れない、などの風潮は、今の日本にも時折見られるものです。こうしたムラ社会的な風潮は、他国との争いにおいて必ずマイナス要素となります。私たちは、同じ失敗を繰り返さないようにしなければなりません。

日本の国債を米国の投資家が積極的に引き受けた理由とは

戦争と経済の関係が密接ということは、戦争の原因もまた、多くが経済的なものであることを示しています。

冒頭でクラウゼヴィッツの『戦争論』の一節を紹介しましたが、政治や外交も、最終的には経済的な問題に行き着くことがほとんどです。ということは、戦争は最終的に経済活動の延長線上に存在することになります。

戦争の直接的な原因は外交交渉の結果であったり、何らかの事件だったりするわけですが、その**背景には必ずといってよいほど、経済的な問題が存在している**と考えるべきでしょう。

イラク戦争が石油利権の確保を目的として遂行されたことはよく知られている事実ですし、北朝鮮問題の背景には、朝鮮半島に眠る鉱物資源や北朝鮮が市場開放した後の企業進出利権が存在しています。

最近話題となっているミャンマーの民主化も同じ文脈で考えることができます。ミャンマーの軍事政権は旧日本軍との関係が深く、ある意味でミャンマーは、当時の戦争が、今も続いている国です。

ミャンマー改革の象徴であるアウンサンスーチー氏はビルマ建国の父と呼ばれたアウンサン将軍の娘です。ミャンマーはもともと英国の植民地でしたが、独立運動が起こり、太平洋戦争を挟んで日本が介入するなど、しばらく政情が安定しませんでした。戦後、ようやくミャンマーは独立を実現しますが、アウンサン将軍は独立の日を迎えることなく暗殺されてしまいます。

つまりミャンマーの軍事政権は、軍事政権の内部抗争と、英国、日本の利害が複雑に絡み合う状況だったわけです。

最終的にスーチー氏は英国に渡り、英国人の夫と結婚。その後は民主化運動のリーダーとしてミャンマーに帰国します。

スーチー氏は、単純に民主化を実現するためだけに、ミャンマーに戻ったわけではありません。スーチー氏の活動の背景には、ミャンマーの市場開放をにらんだ、欧米企業の利権が大きく関係しています。つまりミャンマーの民主化プロセスは、半分は「お金」の話というわけです。

こうした視点を持って、日本の過去の戦争を眺めてみるといろいろなことがわかります。日露戦争の前後、日本政府が発行した国債を米国の投資家が積極的に引き受けたのは、ボランティアというわけではありません。

戦争終了後、日本が獲得する満州のビジネスチャンスについて、パートナーとして利益をシェアしたいという意向があったからにほかなりません。

具体的には、満州の鉄道経営に始まり、鉱山の開発や工場の建設、都市インフラの構築など多岐にわたるビジネスが想定されていたはずです。

さらに重要なことは、米国は、日本に対して、ロシアなどの帝国主義からアジアを解放させるための役割を期待していたという事実です。

欧米各国は、民主主義の価値観を広める活動と、市場開放、つまりビジネスの話をセットで進めていきます。つまりミャンマーにおいて欧米各国がスーチー氏に対して期待する役割と、当時の日本に対して期待する役割は、実は似ていたのです。

実際、米国側からは満鉄などの経営を両国でシェアするプランが提示されたといわれています。しかし日本側はこの提案を蹴ってしまい、このことが最終的には米国との戦争の遠因になったともいわれています（桂ハリマン協定）。

この協定が本当に戦争の遠因になったのかについては様々な意見がありますが、戦争と経済という視点で考えれば、日露戦争の最大の功労者であった米国と、満州経営に関してパートナーシップを組まないという日本の決断は、やはり非常識な選択ということになるでしょう。

こうしたパートナーシップに対する不信感が、最終的に対日感情の悪化につながった可能性は否定できません。

3 TPPを「戦争」という視点で見ると

米国がビジネス上のパートナーシップという点において、日本に対する不信感を持ち、それが最終的に太平洋戦争につながったのだとすると、太平洋戦争は経済的な問題に端(たん)を発した戦争ということになります。

一般的な歴史解釈では、日本が満州を侵略し、それに反対する米国と対立して戦争になったとされています。当時は植民地主義が蔓延(まんえん)していた時代ですから、日本国内では、なぜ日本だけが責められなければいけないのかと反発する人もいます。

しかし米国が、民主主義を広げるビジネス・パートナーとして日本を選び、そのために日露戦争を支援したと考えたらどうでしょうか?

米国としては、日本と協力して満鉄の経営を行い、中国の民主化、近代化を進めていきたいと考えていました。さらに、その中で市場開放によってもたらされるビジネスチャンスを活かしたいとも考えていたはずです。

こうした米国の意図に対して、日本が取った行動はどうだったでしょうか。満州でのビジネスの話を反故にし、力ずくで満州を属国化してしまったわけですから、米国の経済的利益をすべて葬ったことになります。そう考えると、最終的に米国が、冷酷なまでの条件（いわゆるハル・ノート）を日本に突きつけた理由も何となく見えてきます。

日本はパートナーシップの構築が下手

戦争というものが、経済活動の延長線上にあるのだとすると、経済的なパートナーシップをどう構築するのかは、国家戦略上、非常に重要な課題ということになります。こうした視点を持つと、TPP（環太平洋パートナーシップ協定）についても、もっと広い視野で理解することができるようになるでしょう。

TPPに代表されるような自由貿易協定は、加盟国間の取引において原則として関税を撤廃し、同じルールで貿易を行うためのものです。要するに**制限を設けることなく、お互いに自由に取引しましょうという主旨**です。

なぜ自由に取引した方がよいのかというと、経済学的にその方が有利だからです。各国には得意なことと不得意なことがあり、1つの国ですべての産業を育成するのではなく、**各国が得意な分野に集中し、足りない分は輸入でカバーした方が全員にとってメリットがある（比較優位）**というのがその基本的な理屈です。

比較優位は、経済的な規模の大小にかかわらず、自由貿易に参加するすべての国にメリットがあるという考え方ですが、現実に自由貿易を行った場合、必ずしもそうなるとは限りません。

比較優位であることがわかっていても、企業がビジネスモデルを迅速に切り替えたり、労働者が仕事を変えたりすることはそう容易ではないからです。結果としてどのようなことが起こるのかというと、各国は、可能な範囲で分業を行うということになりますから、現実には得する国と損する国が出てきてしまいます。さらに具体的にいうと、**経済規模が大きく、付加価値の高い国が圧倒的に有利になることがほとんどです。**

この理屈を今回のＴＰＰに当てはめてみると、どのようなことが想像できるでしょうか。ＴＰＰ参加国の中で、米国と日本のＧＤＰは８割を超えており、両国の規模は突出しています。しかも日本はＴＰＰ加盟国の中で最大の工業国です。つまりＴＰＰは実は日本にとって圧倒的に有利な条約ということになります。米国が日本に対してＴＰＰ交渉での譲歩を強く迫っていたのは、仮に米国に対して多少譲歩しても、日本は儲かるのだからよいではないか、という発想があったからです。

しかし、交渉を進めた当時の日本側の感覚は米国側のそれとはだいぶ違っていたようです。とにかく強大な米国から日本を守らなければという、後ろ向きな雰囲気が支配していました。

確かに、ＴＰＰ合意による農業の自由化によって国内農家の一部は打撃を受けることになりますが、もっと俯瞰的な視点で見れば、**ＴＰＰは日本が大国としての特権を享受できる貴重な場**でもあるわけです。こうした視点があれば、ＴＰＰに対する取り組み方も、違ったものになっていたかもしれません。

4　敵国を支援してでも金融市場を守れ

国際社会に少々、不可解な印象を与えたロシアによるクリミア侵攻も、経済というフィルターを通すことでかなり客観的に分析することが可能です。

2014年、ロシアはウクライナのクリミアを制圧、自国の影響下に置きました。世の中では、大きな戦争が起こるのではないかと憂慮する声が出ましたが、各国の資本家は思いのほか落ち着いていました。

ロシアはなぜ戦線を拡大しないのか？

その理由は単純で、資本家は戦争とお金の関係を知り尽くしており、**ロシアに戦線を拡大する能力がないことは、資本家の間では常識だったから**です。

結局、ロシアのクリミア侵攻に対して市場はあまり反応しませんでした。

ロシアは軍事大国で強い国家というイメージがありますが、これは、策略に長けた政治家であるプーチン大統領が戦略的に作り上げてきたイメージにほかなりません。本書で解説している経済と戦争の関係を知っていれば、ロシアは必ずしも軍事大国とは呼べない実態がわかってきます。

ロシアのGDPは220兆円ほどしかなく、思いのほか小規模です。日本は約500兆円、中国は1200兆円、米国は2000兆円ですから、その差は圧倒的です。さらにロシアの経済構造は、米国や日本、中国と比べても非常に脆弱です。

ロシアには目立った産業がなく、天然ガスくらいしか国外に輸出して外貨を稼げる手段がありません。原油価格が安くなってしまうと、国庫への収入が減るだけでなく、輸入に必要な外貨すら不足することになります。このため、原油価格の状況によっては国内の経済が大打撃を受けることになってしまいます。

ロシアがクリミアに侵攻したのは、大国の野心というよりも、原油安で追い込まれたことから、軍事力を使って最大限の効果を上げようとした結果と考えられます。もしロシアが本格的な戦争に踏み込むためには、かなりの資金を調達しなければなりません。**ロシアは、米国や日本、中国と異なり、グローバルに通用する金融市場を持っ**

図2-1 ロシアとクリミア

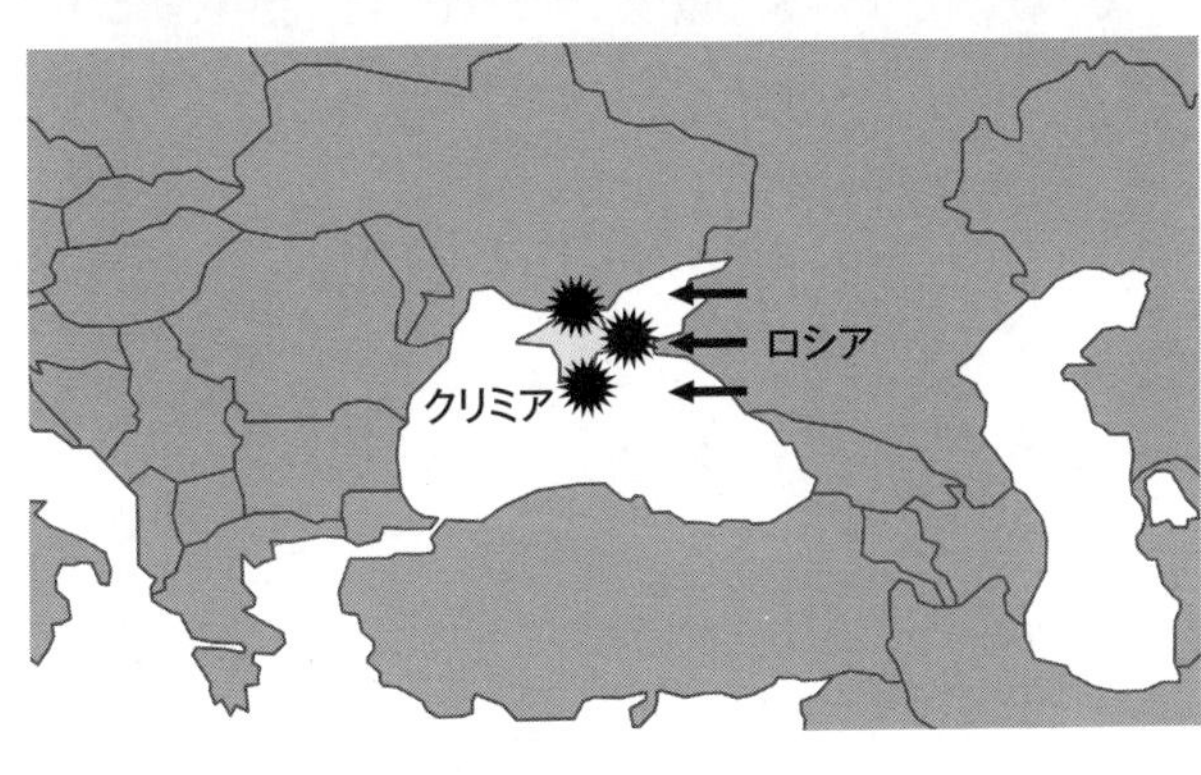

ていませんから、**資金の調達力には限界があります**。莫大な戦費を無理に調達すれば、インフレがさらに加速してしまうでしょう。

プーチン大統領は徹底的なリアリストですから、こうした戦争の法則を知り尽くしているはずです。よほどのことがない限り、ロシアが戦線を拡大する可能性は低いでしょう（注：ロシアがウクライナ全土への侵攻を行ったのは、クリミア併合から8年後。原油価格が上昇し、ロシアの財政基盤がある程度好転してからでした）。プーチン大統領が行っているのはあくまで芝居にすぎないのです。

クリミア戦争で英国が取った驚くべき行動

ちなみにこうしたロシアの状況は昔からあまり変わっていません。実はロシアは、以前にもクリミア半島をめぐって紛争を起こしています。ナイチンゲールが活躍したことでも有名なクリミア戦争（1853年～1856年）です。

クリミア戦争は、ロシアの南下政策をめぐって、ロシアとトルコの間で発生した戦争で、実質的にはトルコを支援する英・仏とロシアとの戦争となりました。クリミアが戦場になったという点や、ロシアとトルコが対立している点においても、今の状況と非常に類似性があります。

当時も今も戦争には巨額の費用がかかりますが、ロシアは今回と同様、経済面で苦境に立たされました。ここで驚くべき事態が発生します。**ロシアは自国でクリミア戦争の戦費を調達できず、何と敵国である英国の金融街シティで調達せざるを得なかったのです。**

これは普通に考えるとおかしな話です。そもそも敵国である英国が、ロシアの戦費調達を助ける合理的な理由がありません。しかし英国はあえて、自国市場をロシアに開放し、資金調達を支援しています。

英国は英国で、国内で賛否両論がありましたが、ロシアの資金調達を拒絶すればオープンな国際金融市場としての魅力が薄れるとの理由から、あえて、敵国ロシアの資金調達を容認したわけです。

英国人は、豊かな経済やグローバルに展開する金融市場の存在が、強力な軍隊に匹敵するパワーを持つことを知り尽くしています。ロシアの資金調達を支援してしまうと、確かに目の前の戦争では不利になってしまうでしょう。しかし、**長期的な国家の覇権を考えた場合、自国市場を閉じない方がよいとの判断を行った**わけです。こんなところにも、英国が世界の支配者になれた理由を垣間見ることができます。

5　原油市場の力は核兵器級

先ほど、ロシアは原油価格の下落で苦境に陥っていると解説しました。原油価格は最終的に市場が決定するものですが、ロシアを苦しい状況に追い込むために、誰かが価格形成に恣意的に介入していると仮定したらどうでしょうか。**原油価格は、実は戦争以上の効果をもたらしていることになります。**

原油価格の下落でロシア経済は大混乱

2014年の中頃まで、原油価格は1バレルあたり100ドル前後で推移していましたが、年後半から価格が急落、一時は30ドル台前半まで売り込まれました。

原油価格が各国にどのような影響を与えるのかについては、石油の生産と消費がどうなっているのかについて知る必要があるでしょう。

図2-2 石油の産出国(2014年)

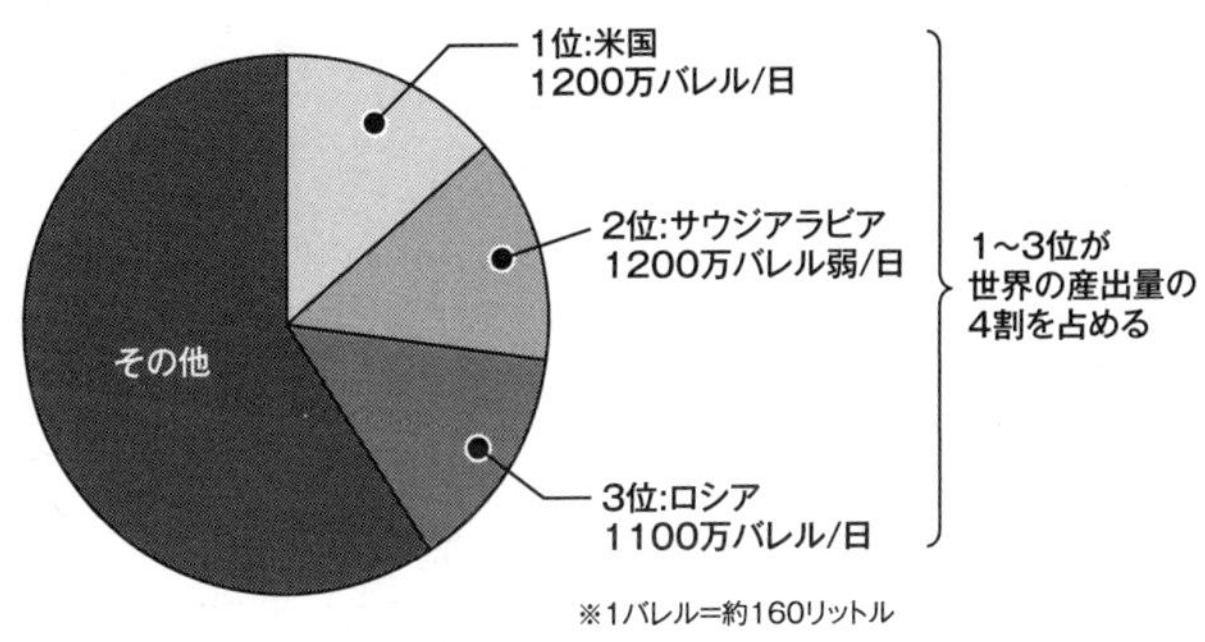

出所)BP

世界でもっとも大量に石油を生産しているのは米国で、２０１４年には、１日あたり１２００万バレルの原油を生産していました。２番目はサウジアラビアで１２００万バレル弱の生産量となっています。サウジアラビアは２０１３年まではトップの生産量でしたが、米国の生産量が増えたことで１位の座を明け渡しました。３番目はロシアで１１００万バレルの生産量となっています（図２−２）。

全世界的に見るとこの３カ国が石油の三大生産拠点であり、全世界の産出量の４割を占めています。石油の多くが中東で産出されているというイメージがありますが、**中東の産油国をすべて足し合わ**

せても全体の3割程度しかありません。やはりトップ3カ国の存在感が大きいと考えるべきでしょう。

ロシアは米国とサウジアラビアに次ぐ石油大国ということになりますが、市場の価格形成にあまり影響力を行使できていません。

その理由は2つあると考えられます。1つは**ロシアにはグローバルに通用する金融市場がなく、市場に対する介入余地が小さいこと**です。もう1つは、**ロシアの原油採掘コストが高く、価格競争力がないこと**です。

原油価格の下落で産油国は大きな打撃を受けましたが、とりわけ石油の採掘コストが高いロシアは致命的な影響を受けています。

ロシアは2013年には年間約5000億ドルの輸出を行っていますが、その7割は石油などエネルギー関連となっており、原油だけでも約2500億ドルに達します。目立った産業のないロシアにとって、これは貴重な外貨獲得手段となっていたのです。原油価格の下落はこうしたロシアの財政を直撃することになります。

原油価格が100ドルから40ドルに下落すると、単純計算ではロシアの輸出額は3割以上減少することになり、金額ベースでは毎年18兆円もの損失です。

これに加えてロシアはクリミア侵攻にともなう経済制裁を各国から受けており、通貨ルーブルは暴落しています。クリミア侵攻以前と比較してルーブルの対ドル・レートは半分以下となっており、ロシアからの資金流出がなかなか止まりません。

ロシアは軍事的オペレーションを継続するため、ドルなどの外貨を必要としていますが、軍事的オペレーションによって外貨の獲得がさらに困難になるという皮肉な状況です。先ほど説明した、かつてのクリミア戦争と同じ状況が繰り返されていることになりますから、米国にとっては好都合でしょう。**原油安はロシアに対して核兵器級のダメージをもたらしているわけです。**

ベネズエラの独裁政権は瓦解寸前に

ロシアと共に、原油価格下落の影響を大きく受けたのが、反米を掲げ、社会主義的な政策を強引に推し進めてきた南米ベネズエラです。2015年12月に行われた総選挙では、中道右派の野党連合民主統一会議が3分の2の議席を獲得し、大勝利を収めました。

同国では1998年、経済悪化などによる政治不信を背景に、軍人出身のチャベス氏が大統領に当選、企業の国有化など社会主義的な政策を推し進めてきました。外交的には「反米」を掲げ、キューバやロシア、中国に接近。チャベス氏は自らの政策を、南米諸国における独立運動の指導者であるシモン・ボリバル氏にちなんで「ボリバル革命」と呼んでいます。

一方、チャベス政権は民主主義者など野党勢力に対しては徹底的な弾圧を加えており、野党指導者であるロペス氏は身柄を拘束されていました。チャベス氏は2013年にがんで死去しましたが、バス運転手出身の副大統領マドゥロ氏が大統領に就任、チャベス路線を継承してきました。

まさに米国にとっては目の上のたんこぶということになりますが、反米的な非民主国家であるベネズエラがこのような路線を継続できた背景には、原油の高騰があります。

ベネズエラは輸出の95%以上を石油が占めるという完全な石油依存型経済となっています。原油価格の高騰で同国の財政は潤い、低所得者向けにバラマキ政策を継続したことで、チャベス路線に対する高い支持が続いてきました。

この風向きが変わるきっかけとなったのが、2014年から始まった原油価格の下落というわけです。原油価格の下落は、国家収入のほとんどを原油に頼るベネズエラ経済を直撃しました。もともとベネズエラには目立った産業がなく、20%台の高いインフレ率が続いていましたが、原油価格の下落によってインフレが加速、2014年のインフレ率は40%に上昇し、2015年にはとうとう200%に達したともいわれています。

米国は以前から公然と反米を掲げるベネズエラへの対応に苦慮していましたが、原油価格の下落によって、独裁政権は事実上崩壊してしまいました。こちらも米国にとっては、非常に好都合な結果です。

日本がロシアに近づいてもよい結果をもたらさない

こうしたロシアの苦境を背景に、日本国内にはロシアと接近し、より有利な条件でエネルギーを輸入すると同時に、北方領土問題を解決しようという動きが見られます。

しかし、一連の原油価格をめぐる動きが経済的なものだけにとどまらず、地政学的な意味を含んでいるのだとしたら、安易なロシアへの接近はよい結果をもたらさないでしょう（注：ロシアとの接近は危険であるという本書での指摘は、同国のウクライナ侵攻で現実のものとなりました）。

石油はしばらくの間、供給過剰が続くことになりますから、米国も積極的に日本にエネルギーを輸出しようとしています。これまで日本は中東からの原油に依存し過ぎており、調達ルートが限定的という問題を抱えていました。**調達ルートの多様化という点では、最大の同盟国である米国という選択肢がありますから、あえてロシアを選択する必然性は高くありません。**

またロシアは、有利な条件でのエネルギー供給と引き換えに日本からの資金提供を望んでいるはずです。また、ロシアの本音は、北方領土の4島一括返還ではなく、部分返還だともいわれています。

もしエネルギー供給でロシアが好条件を提示する代わりに、領土問題で日本が譲歩するような結果になった場合、必ずしも日本にとってメリットのある取引にはならない可能性があります。

さらにいえば、日本のエネルギー供給源の一部をロシアに握られてしまうことで、日米関係にも影響が出てくる可能性があります。いずれロシアは、エネルギー政策を通じて、米国と日本を分断しようと試みる可能性が高いでしょう。

日米交渉を有利に進めるためロシアを材料にするというのは、外交テクニックとしては有益かもしれませんが、あくまでそれは有利な条件を引き出すための手段にすぎません。その範疇を超えてロシアとの関係を深めることは、日米関係にあまりよい結果をもたらさないでしょう。

第３章

戦争と経済には どんな関係があるのか

第3章は戦争とマクロ経済について解説します。

戦争と経済の関係を体系的に理解するためには、経済というものがどのような仕組みで回っているのかを知る必要があります。

経済の状況を把握する手法には様々なものがありますが、もっとも基本となるのは、やはりGDP（国内総生産）ということになるでしょう。GDPは経済規模をもっとも的確に表す指標です。GDPがどのような仕組みで計算されるのかがわかれば、戦争とお金の関係も明確になってくるはずです。

1　GDPを理解すればお金の流れが見えてくる

GDPの中身は、消費・投資・政府支出

経済学の教科書には、GDPについて「1年間に日本国内で生産された最終的な財・サービスの付加価値の総額」と記載されています。財・サービスとは経済学における独特の用語で、**財は「形のある商品」のこと**を指し、**サービスは「形のない商品」**を指しています。家電製品や自動車は財ということになりますが、電気やガス、飲食店、介護などはサービスと分類されます。**1年間にどれだけの製品やサービスが生み出されたのかを示した数字がGDP**というわけです。

これは製品やサービスを提供する側から見た話です。財やサービスを提供した人がいるなら、これを買った人も存在しています。提供する側から見たGDPのことを**生**

産面と呼び、買った側から見たGDPのことを**支出面**と呼びます。そして最終的にそのお金が誰に渡ったのかという視点で見たものを**分配面**と呼んでいます。

この3つは同じことを異なる側面から見たものですから、三者の数字は一致するはずです。これをGDPにおける**「三面等価」の原則**と呼びます。

一般的にGDPについて分析する時には、三つの側面のうち、支出面に着目することがほとんどです。したがって本書でもGDPについて議論する時には、主に支出面について言及します。

GDPの支出面は大きく分けて3つの項目に分かれます。1つは**個人消費（C）**、もう1つは**設備投資（I）**、最後が**政府支出（G）**です。この3つの項目の金額を足したものが、その国のGDPということになります。

以下の数式は経済学の教科書などに書いてありますから、目にしたことがあるという人も多いでしょう。

Y（GDP）＝C＋I＋G

現実にはこれに貿易収支（ＮＸ）がプラスされますので、式はＹ＝Ｃ＋Ｉ＋Ｇ＋ＮＸとなりますが、とりあえずは、ＣとＩとＧの３つに着目すれば大丈夫です。

ちなみに、日本における２０１４年度のＧＤＰは約４９０兆円でした。このうちもっとも大きな割合を占めるのが個人消費（Ｃ）で、全体の約６割、金額にすると２９０兆円ほどになります。

普段はあまり意識されませんが、経済に占める個人消費の影響力は絶大です。**個人消費が活発にならない国は、基本的に強い経済を運営することができません。**少し逆説的に聞こえるかもしれませんが、**戦争に勝つためには、豊かで活発な消費経済の存在が不可欠なのです。**

また、個人消費の割合は豊かな先進国ほど高くなる傾向があり、米国は7割に達します。一方、途上国である中国は４割程度しかありません。次に大きいのが、設備投資（公共投資含む）で金額は１００兆円強となっています。

設備投資の中には、企業の生産設備に加え、個人の住宅なども含まれます。途上国はインフラの整備が必須ですから、設備投資の割合が高くなる傾向が見られます。先ほど、中国の消費はＧＤＰの４割程度しかないと書きましたが、中国は消費と同程度をインフラ投資に回しており、設備投資の比率は同じく4割です。

最後は政府支出となっており、こちらも約100兆円です。ざっくりとした形でまとめると、日本はすべての支出のうち、**6割を個人が消費し、2割を設備投資に回し、残りの2割を政府が支出する**という構図になっています。もし貿易黒字が大きくなれば、NX（貿易収支）の数字が大きくなりますし、貿易赤字であれば、NXはマイナスとなります。

人口増加と資本蓄積、イノベーションのバランスが重要

GDPの定義を考えると、たくさんのモノやサービスを生産して、たくさん消費すれば経済規模は大きくなります。経済規模が大きくなれば、より多くの兵器を生産したり購入したりすることができますから、軍事的にも優位に立つことができます。

このように書くと非常に単純な話に思えますが、GDPを増やすことは、実はそう容易なことではありません。

数式上は、消費、投資、政府支出を足したものがGDPということになりますか

ら、消費を増やせばＧＤＰが増える、もしくは投資を増やせばＧＤＰが増えるというメカニズムが常に成立すると思われがちです。

しかし、この数式は恒等式と呼ばれるもので、どのような時にもこれが成立するということがわかっているだけです。ＣとＩとＧ、つまり個人消費と設備投資、政府支出の相互関係がどうなっているのかまでは説明されていません。

景気を拡大させようと思って政府支出Ｇを増やしても、何らかの影響で個人消費Ｃが減ってしまったり、設備投資Ｉが減ってしまうということがあり得ます。消費の拡大が投資を誘発し、それがさらに景気を拡大させ、税収の増加から政府支出も増えるという、正のスパイラルが働くことが望ましいのですが、実現するのは思ったほど簡単ではないのです。

こうした正のスパイラルを生み出すためのヒントになりそうなのが、**消費と投資のバランス**です。

消費Ｃと投資Ｉは、お金を使うという点ではまったく同じですが、その本質的な意味は大きく異なっています。消費は読んで字のごとく、単にモノやサービスを消費しただけということになりますが、投資はそうではありません。

投資によって購入した製造設備や施設は、将来にわたって利益を生み出してくれることになります。つまり**投資は今年のGDPの数字にも貢献していますが、将来のGDPを生み出す原資にもなっている**わけです。消費と投資のよいバランスがうまく作り出されると、経済は順調に回り始めます。

一般的に経済が成長するためには、3つの要素が必要だといわれています。

1つは**労働力人口**、もう1つは**資本の蓄積**、最後が**イノベーション**です。

労働力人口が増えれば、当然、生産力が高まります。生産に従事する労働者は消費者でもありますから、消費も増えていくことになります。需要が増えることがわかっていれば、企業は積極的に先行投資しますから、投資も拡大するでしょう。

このようにして、**人口が増えている国は有利に経済運営を進めることができます。**

人口が減っていてもイノベーションがあればカバーできる

では、人口が増えていればそれでよいのかというとそう単純な話ではありません。先ほど将来のGDPを増やすには適切な水準の投資が必要と説明しましたが、投資を行うためには資金が必要となります。

ＧＤＰは1年間に生み出された付加価値を表したものであり、これは「フロー」と呼ばれます。一方、毎年、生み出された付加価値の一部は貯蓄され、資本という形で蓄積されていきます。これが投資の原資となるわけです。

資本の蓄積がないと、外国などから資本を調達する必要が出てくるため、資本に対する対価（利子や配当）が必要となり、効率が悪くなります。同じ投資を実施するのであれば、厚い資本蓄積がある方が有利です。

同じ水準の人口増加と資本蓄積があっても、経済成長が同じになるとは限りません。この違いをもたらしているのが**イノベーション**です。

イノベーションに優れている国では、同じ人口や資本を使って、効率よく経済を拡大させることが可能となります。その多くは、先行投資によって生み出されていますから、投資Ｉとの関連性が高いということになります。つまり**高い経済成長を実現できる国は、イノベーションを誘発する投資を積極的に行っている**と解釈してよいでしょう。

さらにいえば、先進国になればなるほど、イノベーションにおける知財の役割が大きくなってきます。知財は人への投資ということになりますから、柔軟な人材育成が実現できているのかが重要となります。

先進国は消費の割合が高いと述べましたが、実際には人材という別な形で投資を継続しているといい換えることも可能です。

消費活動が活発で、新しい技術やサービスが次々に登場する国はイノベーションも活発になり、結果的に高い経済成長を実現できるわけです。

2　戦争はＧＤＰにどんな影響を与えるか

ＧＤＰの仕組みがわかったところで、戦争が経済に与える影響について考えてみたいと思います。基本となるのは先ほど取り上げたＧＤＰの式です。**戦争の実施によってこれらがどう動くのか予想することで、経済への影響を分析することができます。**

大量の国債発行が投資に影響

戦争は基本的に政府が行うので、**戦争が発生すると、ＧＤＰ項目における政府支出（Ｇ）が増える**ことになります。もし政府支出が増えても、投資や消費に影響がなければ、戦争で使った費用の分だけ、ＧＤＰが増大することが予想されます。戦争が経済にとってプラスの効果をもたらすという話をよく耳にしますが、この話はこうしたメカニズムから来ているわけです。

ただ、戦争の遂行が現実の経済に与える影響はもっと複雑です。第1章や第2章で解説したように、戦争の遂行には巨額の資金が必要となりますが、多くの場合、**政府の借り入れ**という形で調達されます。これが経済全体に様々な影響を及ぼすことになるわけです。

よくいわれているのが、「クラウディングアウト」と呼ばれる現象です。政府による財政出動が行われると、民間の投資を抑制してしまうというメカニズムが働きます。

この話は財政出動の是非について議論する際によく用いられるのですが、政府による支出という点では戦争の遂行も同じです。

政府が戦争遂行のために国債を大量に発行すると、国債が余りぎみとなりますから、金利が上昇することになります。

金利が上がってしまうと、企業は銀行から資金を借りにくくなります。どうしても必要な設備投資は実施される可能性が高いですが、判断に迷っているような投資案件の場合、金利の上昇によって中止となるケースも出てくるでしょう。この結果、**国内の設備投資が抑制される**という現象が発生します。**設備投資の抑制は、GDPの項目**

における投資を減少させますから、経済成長にはマイナスの影響が出てくる可能性があるのです。もちろん軍事費の出費によってGDPはかさ上げされていますが、軍事費の増加分だけ、そのままGDPが増える保証はないわけです。

また投資の抑制には長期的な影響もあります。先ほど解説したように、投資というものは、現時点のGDPにも貢献しますが、何より将来のGDPの原資となるものです。

とりあえずは、投資の減少分よりも戦争による支出の増加の方が大きいですから、短期的にはGDPが増大し、経済が成長したように見えます。しかし、今後の経済成長に必要な投資まで抑制してしまった場合、長期的な経済成長に影響を及ぼすことになるかもしれません。

こうした戦費の調達がすべて増税で行われた場合（増税した分をそのまま軍事費の支出に回すと仮定）でも、経済学の理屈の上ではその分だけGDPが増えることになります。しかし、これも先ほどの議論と同様、その支出が将来の成長に対してどのような影響を与えるのかという問題が出てきます。戦費が具体的にどのような支出になったのかによって、最終的な結果は変わってくるでしょう。

多額の戦費をすべて増税で賄うというのは、現実的には考えにくいことです。国債発行による調達と増税がセットになる可能性が高いですから、やはり国債発行による影響を中心に考えた方がよいでしょう。

体力を超えた戦争をすると確実にインフレになる

国債の大量発行は金融市場にも影響を与えます。

当初は、政府の発行する国債を一般的な投資家が購入することで国債を消化していくことになりますが、一定限度を超えるとそれも難しくなります。中央銀行が国債の消化に乗り出すことになると、最終的にはインフレの原因となります。

第2章で解説したように、日露戦争の戦費調達のために発行した国債は、ほぼ全額、海外の投資家が引き受けましたから、問題なく消化することができました。

しかし太平洋戦争では、英国と米国という金融市場の中核となっている国を敵に回しましたから、海外市場での調達ができません。日本の金融市場では大量の国債を消化することができず、最終的には日銀がこれを引き受ける形にならざるを得ませんでした。

中央銀行が国債を直接引き受けるということは、戦費という形を通じて、市中に大量のマネーを供給するということにほかなりません。当然、通貨の価値は減少し、インフレが発生することになります。

インフレが発生すると、名目GDPは増えますから、その分、経済は成長したということになるでしょう。

しかし、名目GDPの増加分もしくは、それ以上に物価が上昇しますので、名目GDPから物価上昇分を差し引いた実質GDPは増えないことになります。インフレが激しい場合には、むしろマイナスになる可能性も出てくるでしょう。

経済体力を無視した戦費調達を実施すると、ほぼ確実にインフレが発生すると考えた方がよさそうです。

金融的な側面に加えて、実需面でもインフレのリスクがあります。

各国の経済は、基本的に需要と供給がバランスする形で均衡しています。つまり、需要が存在する分の生産能力しか企業は持っていないわけです。もちろん企業は、急な需要の増加に対応するために、生産設備にはある程度の余裕を持たせています。しかし、そのバッファーを大きく超える注文が入った場合には、その注文をさばくことができなくなります。

そうなってくると、企業は高い報酬を払ってでも人を確保しようとしますから、物価が急上昇することになります。これは労働市場だけの現象にとどまるものではありません。資財や燃料の調達など、あらゆる分野に及んでくることになります。これまでにない量の発注が来ると、すべてのモノの値段が上昇し、製品の最終価格も上昇していきます。これが繰り返されると、経済全体でインフレが急激に進むことになるわけです。

心理面の影響も無視できない

これに加え、戦争には心理的な影響もあります。

戦争が発生することで、心理的にネガティブな影響が生じ、消費が減る可能性がある一方、逆に国威が発揚されて消費が喚起されることになるかもしれません。また戦争特需を期待する人が一定数出てきますから、こちらも消費にはプラスの効果をもたらす可能性があります。

戦争と株価については第4章で後述しますが、戦争の初期には株価が上昇するケースが多く、消費にもプラスとなることが多いようです。一方、戦局が悪化してくると、株価は下落し、消費者の心理も悪化してくることになります。

仮に戦争が行われていても、多くの国民には日常生活がありますから、基礎的な消費がそう簡単に影響を受けるわけではありません。しかし**消費はＧＤＰの中でもっとも大きな割合を占める項目ですから、わずかな変化でも景気に影響します。**消費者心理が悪化しない形で戦争を遂行しない限り、最終的にはマイナスの影響が出てくると考えた方がよさそうです。

まとめると、戦争の遂行は、名目上の経済規模を拡大する効果はありそうです。しかし、経済の基礎体力を無視した戦費調達を行った場合には、各方面に影響が出てくることになります。特に**国債の大量発行に伴うインフレの影響は極めて大きなものとなるでしょう。**

3 過去の戦争で経済はどう動いたか

理屈の話はこのくらいにして、過去の戦争において現実に経済がどのように推移したのか検証してみたいと思います。

先ほど述べたように、戦争には巨額の経費が必要となるため、戦争の遂行は経済活動にかなりのインパクトを与えることになります。教科書的な考え方では、戦争の遂行は、GDPの構成要素の1つである政府支出を増大させるため、その分、名目GDPが拡大します。

戦争への出費が、さらなる消費や投資の拡大、生産性向上などにつながれば、実質GDPの継続的な拡大に結びつくでしょう。一方、戦争への出費が、生産性の向上や消費の拡大につながらなければ、むしろ逆効果になるかもしれません。さらに、**戦費の調達が無理な借金によるものであれば、金利の上昇や悪性のインフレをもたらす可能性があります。**

図3-1　日本の戦争と実質GDPの推移

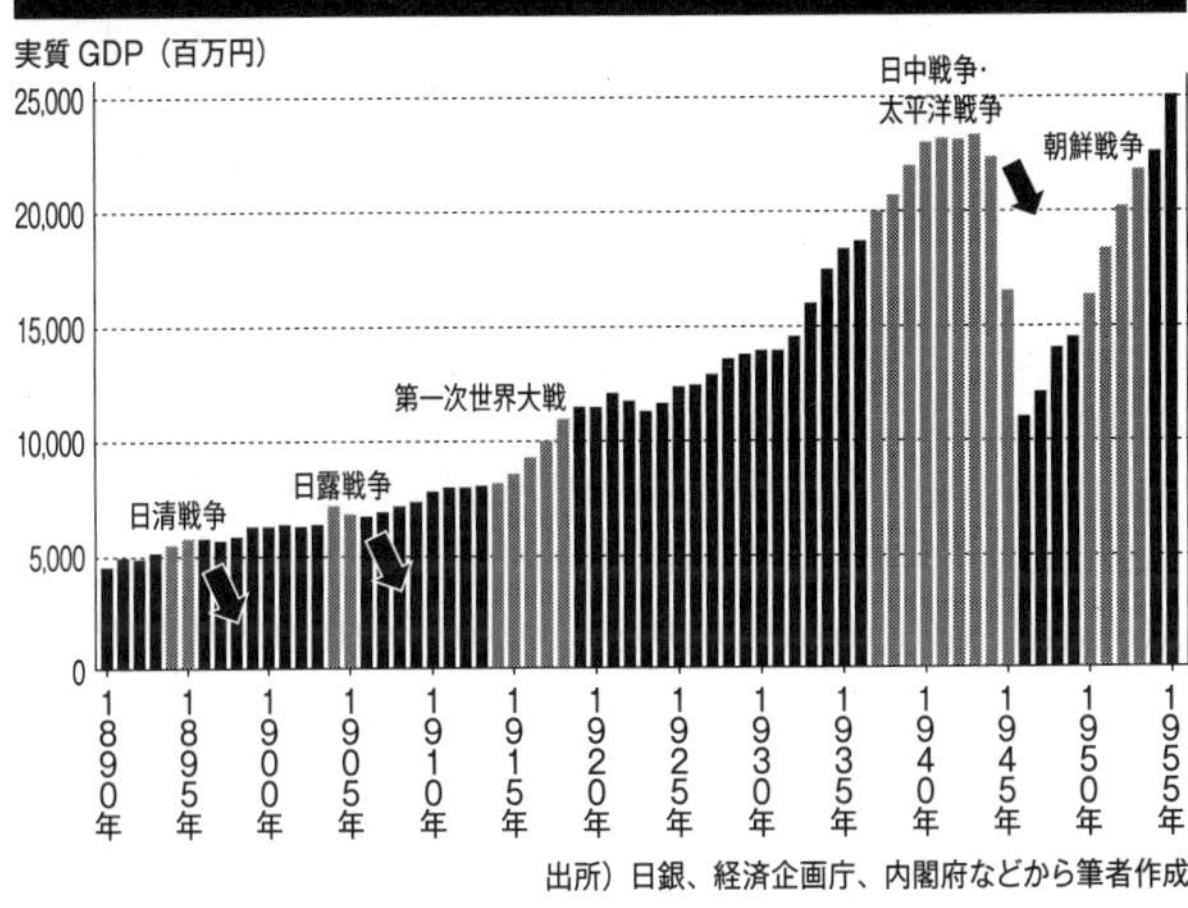

出所）日銀、経済企画庁、内閣府などから筆者作成

開戦で経済は上向くが、戦後に反動不況がやってくる

図3－1は戦前期の日本における実質GDP（当時はGNP）の推移をグラフにしたものです。実質GDPを示す棒グラフのうち、戦争期間中は色を変えて表示してあります。

グラフを見ると、どの戦争についても、戦争の遂行によって実質GDPが上昇していることがわかります。

実質GDPは、物価の影響を除いた数値ですから、実際に国がどのくらい豊かになったのかを示す指標といい換えることができます。数字の上では、戦争遂行は経済に悪い影響を与えていないように見えます。

しかし、日本が直接当事者となった日清戦争、日露戦争、太平洋戦争では、戦争終了後に反動が起こり、実質GDPの低下が見られました（図の矢印部分）。

日清戦争と日露戦争は、日本が新興国として高い経済成長を実現している間に実施されましたし、戦費は、経済の基礎体力の範囲内にギリギリ収まっています。後の太平洋戦争と比べれば経済合理性のある戦争といってよいでしょう。

それでも、戦争の終了後には、どちらも戦後不況ともいうべき不景気が発生しており、経済の停滞は思いのほか長く続きました。太平洋戦争後の経済の縮小に至っては、破壊的水準であり、日本経済は完全に破たんしたと解釈すべきです。

少なくとも、日本が過去に経験した大きな戦争においては、開戦後、すぐに経済が縮小するようなことはありませんでしたが、戦後になって、悪影響が顕在化してくるという共通パターンがあるようです。

一方、日本が直接戦争の当事者になっていない戦争ではまったく異なる傾向が見られます。第一次世界大戦では、戦争開始直後から実質GDPが急上昇し、日本は空前の好景気を謳歌することになりました。戦後の反動不況もありましたが、それまでに得られた利益を比較すると、トータルの収支は完全にプラスといってよい状況です。

当時の日本は日英同盟を結んでいたため連合国側として参戦しているのですが、アジア地域で大きな戦闘はなく、日本は戦争の恩恵だけを受けることができたと考えられます。

戦渦に見舞われた欧州の企業に代わり、日本企業には多数の注文が寄せられることになり、業績は急拡大していきました。株価も急上昇し、日本経済は、初の本格的なバブルを経験することになります。80年代のバブル経済や2000年のネットバブルと同様、巨万の富を築く人が続出し、今でいう株式ブームに似た現象も発生しています。

朝鮮戦争も同様です。朝鮮戦争は日本のすぐ近くで発生した米ソの代理戦争ともいうべき戦争ですが、日本は米軍の前線補給基地という位置付けになりました。このため、日本企業には処理しきれないほどの注文が舞い込み、後に**朝鮮特需**と呼ばれる状況が発生しています。

日本経済は敗戦によって壊滅的な状況となりましたが、朝鮮戦争によって奇跡の復活を遂げることになります。その意味では、**朝鮮戦争がなければ、現在の日本は存在**

していなかったかもしれません。

米国では目立った戦後不況はないが

基本的に米国においても、戦争の遂行によって実質ＧＤＰが押し上げられるという現象が見られました。また、戦争の後には戦後不況と思われる成長率鈍化が観察されるという点も同じです。

ただ、図３－２にもあるように、米国の場合、純粋に戦争の影響で経済成長が鈍化したのは、第二次世界大戦終了後だけです。この時には、実質ＧＤＰがマイナスとなり、その後、しばらく横ばいの状況が続きました。ベトナム戦争末期にも成長の鈍化が見られましたが、これは70年代を通じて米国を襲ったスタグフレーションの影響が大きく、ベトナム戦争はその原因の1つに過ぎません。

イラク戦争の後にも、リーマンショックという極めて大規模な不況を経験することになりましたが、これも戦争が原因とはいえません。好景気が行き過ぎ、不動産バブルが破裂したという要因が大きく、純粋に経済的な問題といってよいものです。

図3-2 米国の戦争と実質GDPの推移

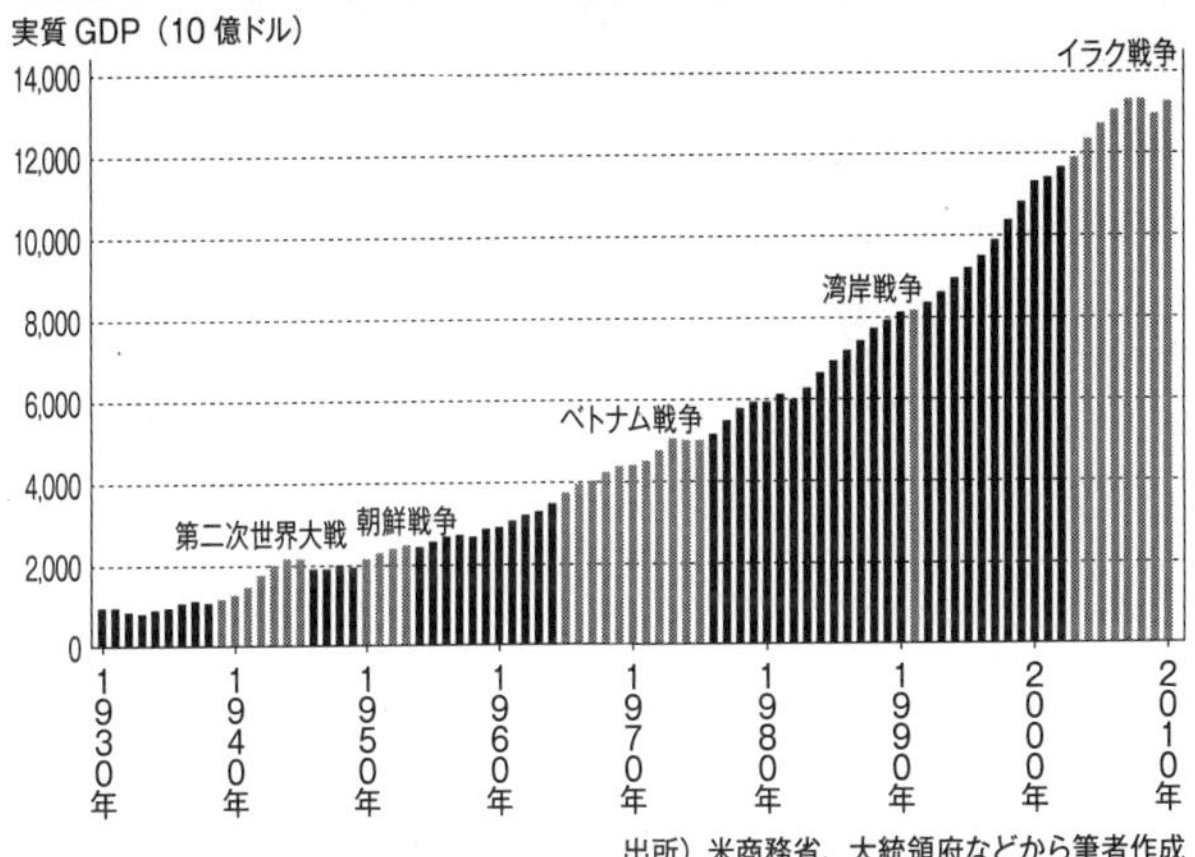

出所）米商務省、大統領府などから筆者作成

ただ、長期的なＧＤＰの成長を見ると、１９６０年代や１９８０年代、１９９０年代など、大きな戦争がなかった時期の方が経済のパフォーマンスは良好でした。39ページの図１－４からもわかるように、経済成長が活発な時期は、ＧＤＰに占める年間の軍事費の割合は低下しています。

やはり、規模の大きな戦争と経済成長の鈍化には何らかの関係がありそうです。

4　戦争の副産物「インフレ」の実態

では過去の戦争において副作用であるインフレは、どの程度進行していたのでしょうか。日本における過去の戦争で、インフレがもっとも進んだのは、いうまでもなく、戦費の規模が突出して多かった太平洋戦争です。

太平洋戦争は、最終的には日本経済の破たんと、準ハイパーインフレをもたらしてしまいました。

太平洋戦争によるインフレで物価は180倍に

第1章で解説したように、**太平洋戦争の戦費総額はGDPの約9倍**という途方もないものでした。このほとんどを国債の日銀直接引き受けによって賄ったわけですから、財政インフレの発生は必至でした。

図3-3　太平洋戦争期間中の物価推移

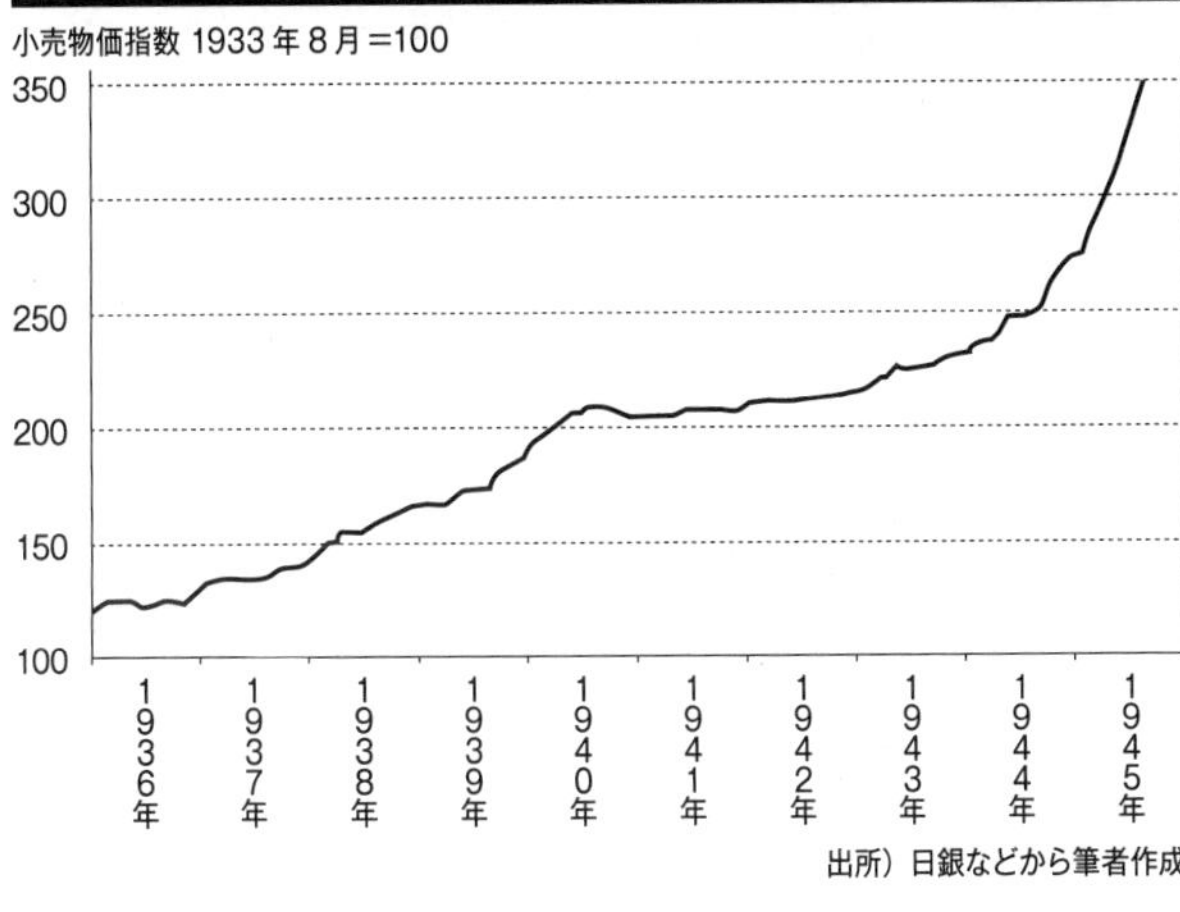

出所）日銀などから筆者作成

経済体力に比して戦費がかかりすぎることについては、戦争が始まる前から懸念されていました。しかしこうした声は精神論にかき消され、顧みられることはなかったようです。最後には、「わが国に皇室のおわしますかぎり、いくら紙幣を増発してもインフレにならぬ」と公言する右翼の大物まで出てくる状況でした。

東京の小売価格指数は、日中戦争が始まる前年の１９３６年からの比較で、終戦となる１９４５年までの間に約３倍に上昇しました（図３－３）。

１９３７年から太平洋戦争の開戦となる１９４１年まで急ピッチの上昇が

続き、その後、しばらく横ばいの期間が続きます。これは太平洋戦争の開戦をきっかけに、経済統制が強まったことが原因と考えられます。その後、戦局の悪化がはっきりしてくる1944年頃から再びインフレの上昇ペースが速まり、終戦にかけてさらに加速する結果となりました。

しかし、戦争期間を通じて3倍の物価上昇で済んでいたのは、**国家による強力な価格統制があったから**です。

日本政府は1938年、国家総動員法を施行し、自由主義的な経済から国家による統制経済に移行しました。生活必需品をはじめ多くの商品が価格統制の対象となり、見かけ上インフレは抑制されることになったわけです。

しかし、どんなに価格統制を強化しても、貨幣の乱発と物資不足から来るインフレは進行しており、公定価格とは別の闇価格が形成されるようになってきます。最終的には戦後の準ハイパーインフレという形で、すべての帳尻を合わせる形となってしまいます。

図3－4は、戦後、物価が安定する1952年までを通算した物価指数の推移です。価格の上昇が激しいので、こちらは対数グラフに直してあります。

図3-4　太平洋戦争による準ハイパーインフレ

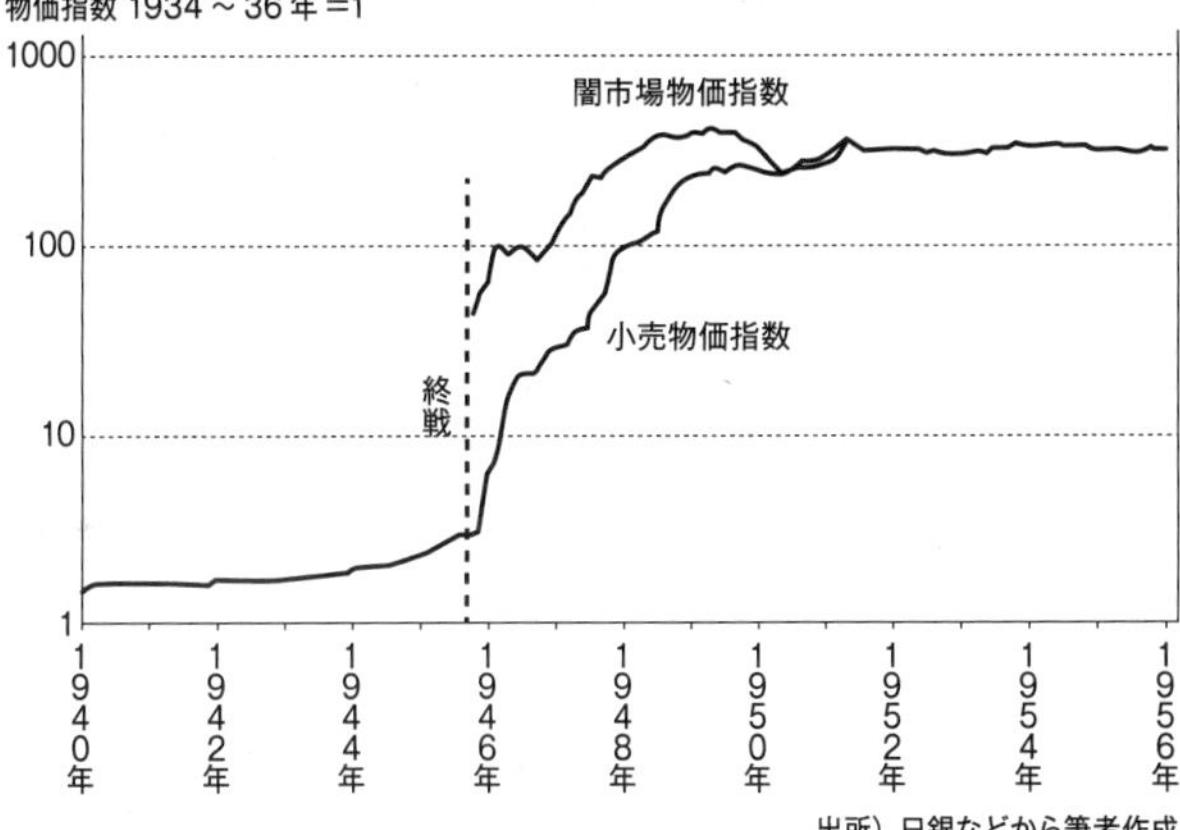

出所）日銀などから筆者作成

グラフの濃い線は、闇市場価格における物価推移を示しています。戦後、闇市場は半ば公認され、市場データも記録されるようになりましたが、戦時中、闇市は禁止されており、公式のデータは存在していません。

終戦から2カ月経った1945年10月時点において、闇市価格と公定価格には15倍程度の差がありましたから、戦争期間中にすでに実質的に物価は45倍になっていた計算になります。

終戦後は、それまでの統制経済で表面化していなかったインフレがすべて顕在化します。また日本国内にある生産設備の半分以上が戦災で稼働できない状況だったことから、完全な供給不足に陥っていました。**国債の大量発行と極端な供給制限の顕在化によって、準ハイパーインフレとも呼べる状況まで物価は加速したわけです。**

最終的に物価が落ち着く1952年までの間に、小売価格は約180倍に上昇しています。これは現金の価値が180分の1になったことと同じですから、現金を保有していた人は、ほとんどの資産価値を失ったことになります。

もっとも戦時中はインフレといっても、物資が極端に不足しており、どんなに高い価格を提示しても購入すること自体が難しかったと考えられます。日々の食料確保にも事欠く状態であり、高価な着物を売って、ごくわずかな食事にありつくというのが日常的な光景でした。したがって、国民の生活感覚としてあまりインフレは意識されなかったかもしれません。多くの人がインフレを認識するのは、終戦後、自由な経済取引が解禁されてからのことです。

同じ期間、米国のインフレは約2倍

日本ほどではありませんが、米国も第二次世界大戦は大きな負担でしたから、それなりにインフレが進んでいます。

第二次世界大戦が始まる1939年から、戦争が終わる1945年までの間に、卸売物価指数は約1・4倍に上昇しました。また戦争が終了してからもしばらくインフレが続き、朝鮮戦争が始まった翌年の1951年には、さらに1・5倍に物価が上昇しています。最終的には、戦争によって約2倍に物価が上がったことになります。

米国は経済の基礎体力が大きいですから、通常の経済活動をあまり制限することなく戦争を遂行することができました。また国債も基本的には市場を通じて消化されましたので、日本のような悪性インフレは発生していません。

ただ米国の中央銀行にあたるFRB（連邦準備制度理事会）は、政府の利払い負担を軽減することと、国債のスムーズな消化を目的として、金利が2・5%以上に上昇するような場合には、積極的な「買いオペレーション」を実施していました（中央銀行が金融機関の保有する有価証券などを購入し、資金が金融市場へ流れるよう供給すること。いわゆる金利の釘付け政策）。このため、金融は緩和的になり、インフレが進んだものと思われます。

その後、再び米国経済は成長軌道に乗ったことから、第二次世界大戦の戦費は、問題なく処理されていきました。

むしろ米国がインフレに苦しんだのは、ベトナム戦争末期の１９７０年代のことです。１９６０年には低く抑えられていたインフレ率ですが、１９７０年に入ると急上昇し、一時は年10％になった時期もあります。１９７０年から１９８０年までの間に、物価は2・5倍になりました。物価の上昇に比べて、経済成長が緩慢だったことから、スタグフレーション（不況下でのインフレ）とも呼ばれています。

ただ、この時期のインフレはベトナム戦争が直接の原因というわけではなく、オイルショックによる物価の上昇、ドルに対する信用不安、米国企業の国際競争力の低下など、複数の要因が絡み合って発生したものです。ベトナム戦争による財政支出増大は、ドル不安要素の1つではありますが、ベトナム戦争によるインフレとまではいえないでしょう。

70年代のインフレは、79年にFRB議長に就任したボルカー氏の強硬策によって収束することになりました。ボルカー氏は各方面の反対を押し切り、政策金利を一気に20%まで引き上げました。実質GDPも一時マイナスになりますが、これによってインフレは沈静化し、レーガノミックスによる高成長につながっていきます。

5 テロは経済に悪影響を与えない

ここまでは基本的に大規模な戦争を例に、戦争と経済の関係について解説してきましたが、最近ではテロによる経済への影響も無視できないようになっています。テロ活動の活発化は、近年特有の現象ですから、注目しておく必要がありそうです。

テロと経済成長率の相関はほとんどゼロ

あまり知られていませんが、実はここ数年、全世界的にテロの発生件数が増加の一途を辿っています。

米メリーランド大学の調査によると、2014年は約1万7000件のテロが発生し、これによって全世界で約4万4000人が死亡しています。2000年から2010年までのテロ発生件数は平均すると年2500件程度ですから、2010年以降にテロが急増したことになります。ただし、テロ1件あたりの死亡者数を見ますと、大きく上昇していませんので、小規模なテロが頻発している状況であることがわかります。

テロが発生すると、人々は精神的に大きな影響を受けることになります。

2015年に発生したパリの同時多発テロは、世界の人々に大きな衝撃をもたらしました。直接被害を受けた国では、精神的なショックからなかなか立ち直れず、経済活動が停滞するかもしれません。また観光地への旅行を控えるケースが増えてくるため、観光業や運送業には直接的な影響が及ぶ可能性もあります。

テロが増加すると、テロ対策も強化されることになりますが、これが経済活動を妨げる可能性も無視できません。

パリのテロでは、容疑者が欧州域内を自由に行き来していたことが問題視され、フランス政府は国境での警備活動を強化する方針を打ち出しています。空港などにおける警備強化は、スムーズな人とモノの移動を抑制することにつながるでしょう。

では、テロの発生は、グローバルな経済活動にどれほどのマイナスを与えるのでしょうか。メリーランド大学の調査結果をもとにテロと経済の関係について分析してみ

図3-5　テロの発生件数と経済成長率の関係

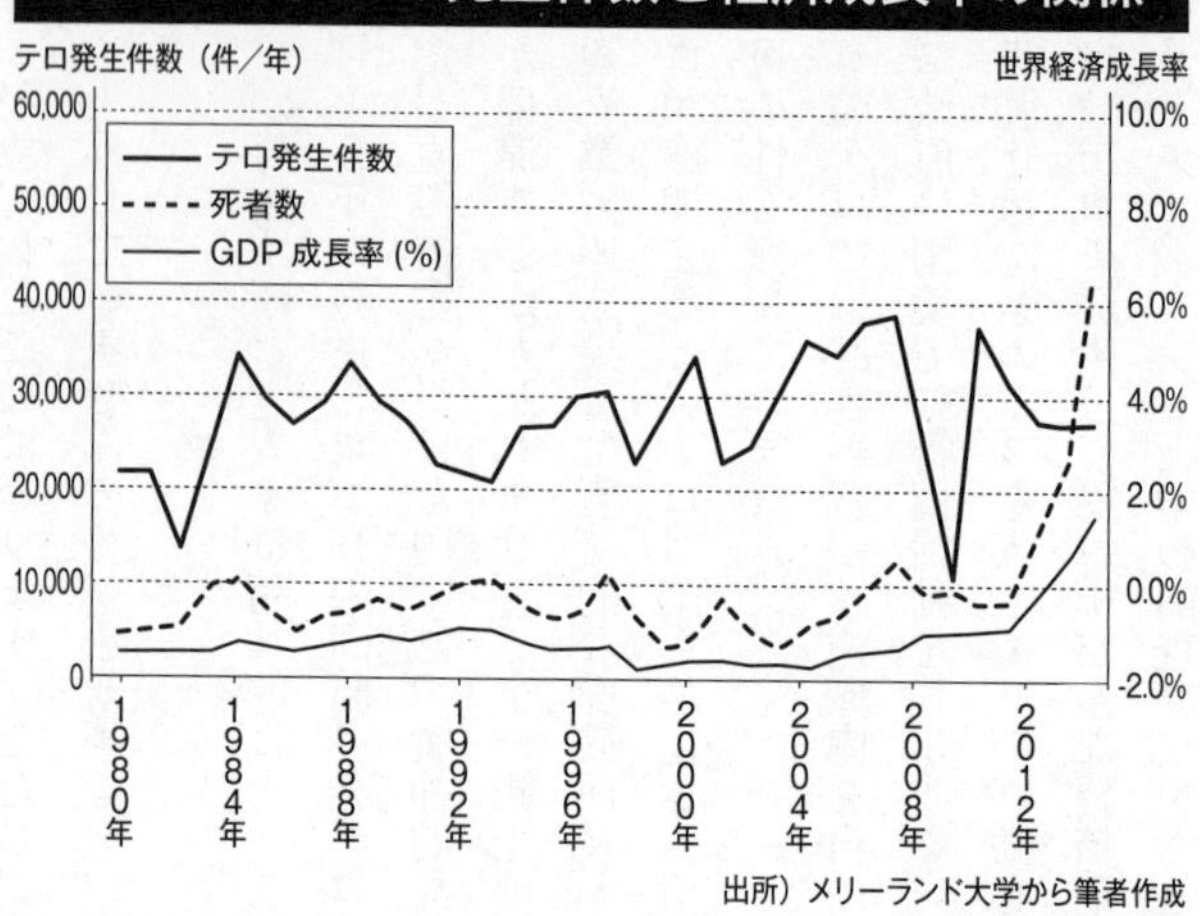

出所）メリーランド大学から筆者作成

ると、意外な結果が得られます。

　1980年以降におけるテロの発生件数と全世界の実質GDP（国内総生産）成長率をグラフ化してみると、見た目からは明確な相関が感じられません（図3－5）。二つの項目について、相関係数をとってみるとマイナス0・08となり、数字の上でも両者に明確な相関はありませんでした（係数がゼロに近いと相関がないと判断されることになります）。

　学術的に厳密な分析ではないので、安易な結論は禁物かもしれませんが、おおよその傾向をつかむには十分な情報量です。**テロの発生は経済活動には**

あまり影響しないと考えて差し支えないでしょう。

米国が軍事費を減らすとテロが増える

こうしたテロに対しては、強硬なスタンスで対処すべきだという考え方と、柔軟な姿勢で臨むべきだという考え方の2つがあり、国際社会はまとまった対応ができていません。最終的には、米国がテロに対してどのようなスタンスで臨むのかというところに収束するわけですが、その米国も基本的な外交戦略をめぐって揺れている状況です。

第二次世界大戦以降の米国は、良くも悪くも、世界の警察官として振る舞っていました。中東問題にも深く関与し、湾岸戦争やイラク戦争に代表されるように、場合によっては直接的な武力介入を積極的に行っていたのです。

しかし、オバマ政権になり、状況は大きく変わりました。オバマ政権は、かつてない水準の軍縮を推進、中東に配備する米軍の規模を大幅に縮小しています。これはオバマ大統領の外交方針による部分もありますが、それだけが原因ではありません。米国においてシェールガスの生産が増えていることで、エネルギーをめぐる地政学的な状況が変化しているのです。

第2章でも述べたように、米国はサウジアラビアを抜いて今や世界最大の産油国です。**米国は近い将来、すべてのエネルギーを自給できる見通しが立っており、中東の石油に頼る必要がなくなっています。**わざわざリスクを負って、世界の警察官を演じるのは得策ではないと感じる米国人が増えており、オバマ政権の外交方針もこうした世論の影響を受けています。

米国が中東から手を引くことで、テロが減るのではないかとの期待もありましたが、現実はまったく逆のようです。

先ほど示したテロの発生件数に対して、米国の軍事費の増加ペース（1年あたりの増加率）の相関を取るとマイナス0・5という数字が得られます。マイナスの相関ということは、米国が軍事費を増やすとテロが減り、軍事費を減らすとテロが増加するという関係になります。あくまでこれは相関関係を示しているだけなので、米国の軍事費とテロに直接的な関係があるのかはわかりません。

しかし、米国の軍拡期には、確実に中東に対する直接的な力の行使がありますから、米軍の活動とテロにはやはりそれなりの因果関係がありそうです。もし今後も米国がオバマ政権のような「引きこもり外交」を継続した場合には、残念なことですが、テロ活動が活発化する可能性があるわけです。

オバマ政権より前の時代、各国は、米国の中東に対する軍事力の行使について、テロの増加につながるとして米国を強く非難していました。しかし、いざ米国が中東から手を引くと、テロ抑制のため、今度は米国に対して中東への強い関与を求めるという皮肉な状況となっています。

実は日本は隠れたテロ大国

日本人の多くは、日本はテロとは無関係の国であると考えています。確かに、パリの同時多発テロのような大規模なイスラム系のテロは起こっていません。しかし、日本は私たちが思っているほどテロと無縁な国ではなく、国際社会からもそのように認識されています。その理由は日本でもかなり凶悪なテロが現実に発生しているからです。

1991年には反イスラム的とされた書籍『悪魔の詩』を翻訳した筑波大学の助教授が何者かに暗殺されるという事件が起こっています。また1995年にはあの地下鉄サリン事件が発生しました。死者13名、負傷者6000名以上を出したこの事件は、負傷者数では世界のテロ事件の中でもトップクラスとなっています。

グローバルに見ると、日本は9・11に匹敵する大規模テロを経験した国であり、実際、世界の警察・公安関係者はそう認識しています。

さらにいえば、日本では1995年に警察庁長官が何者かに狙撃されるという事件が発生しており、犯人は捕まらず時効が成立しています。もし、米国で警察トップ（FBI長官）が狙撃されるという事件が発生すれば、想像を絶する混乱が発生すると思われますが、日本ではすでに同程度の事件が起こっているのです。

さらに時代を遡ると、凶悪なテロ事件が散見されます。

戦前の昭和期には、血盟団事件など右翼による要人殺害テロが頻発していましたし、戦後も連合赤軍事件など凄惨なテロが起こっています。

日本はテロとは無関係な国だという認識はあらためた方がよさそうです。

第４章

戦時の株価に見る現在と未来

第４章は、戦争と株価の関係について解説します。

戦争が発生した場合、どのような戦争になるのかで株価は大きく変わってきます。しかし最終的には、市場に上場している企業の利益や、その国の経済全体の将来の見通しに大きく左右されます。

前章では戦争と経済の関係について説明しましたが、株の動きも基本的には経済の動きを先取りする形になるということを理解しておいた方がよいでしょう。

戦争と株価の具体例を見る前に、まずは、株価がどのようにして形成されるのかについて、簡単に解説しておきたいと思います。

1　株価はどのようにして決まるのか

経済規模が拡大すれば、株価も上昇する

前章において、経済を理解する基礎となるのはGDP（国内総生産）であると説明しました。GDPとは、生産した側から見れば、その国の経済が生み出した付加価値の総額ということになり、支出した側から見れば、使った金額の総額になります。またこれらの支出や生み出された付加価値は、労働の対価、つまり給与という形で労働者に分配されるか、もしくは利子や配当など、資本の対価として分配されるかのどちらかになります。

詳しくは後述しますが、**株価というのは、企業が将来にわたって生み出す収益を今の価値に置き換えたもの**です（130ページ）。つまり企業の収益が拡大すれば、当

然株価も上昇することになります。そして、一国の経済が拡大すればするほど、その国の企業の収益も拡大し、企業が生み出す付加価値も大きくなります。つまり、**経済規模の拡大に沿って、株価も上昇していく仕組みです。**

ＧＤＰの増加は、取引される製品やサービスの量が増えることを意味しています。また、取引量が増加すれば、貨幣の需要も高くなり、取引価格が上昇していくことになります。このためＧＤＰが順調に成長している国では、物価もそれに応じて上がっていくという現象が見られます。要するに、**名目ＧＤＰと物価、株価はそれぞれプラスの相関関係を持っていることになるわけです。**非常に基本的なことではありますが、まずはこの関係をしっかり理解しておくことが重要です。

株価の基礎となるのは「将来の利益」

続いて、株価というものがどのような理屈で決定されるのかもう少し深く掘り下げてみたいと思います。

株価とは企業の価値を表すものですから、株価がどのようにして決まるのかは、企業の価値がどのようにして決まるのかということと同じです。現代の投資理論においては、企業価値というのは、その企業が将来生み出す利益を現在の価値に換算したものという定義になっています。

ごく簡単に説明すると以下のようになります。

たとえば、今、株価が５０００円となっている銘柄があると仮定します。そして、その株からは毎年１００円の配当が得られるとしましょう。あなたは果たしてこの株を買うでしょうか。

値段に対する考え方は様々です。高いと思う人もいるかもしれませんし、安いのですぐ買うという人もいるでしょう。この値段だと高いか安いかを判断するのはなかなか難しいかもしれません。

しかし、この銘柄の株価が５００円だったらどうでしょうか。私を含めてほとんどの投資家が即断で購入を決定するはずです。なぜなら、わずか５００円の投資で、毎年自動的に１００円を手にすることができるからです。

これは、1年あたりの利回りに換算すると20％にもなります。5年経てば投資元本を回収できてしまいます。もしこの企業がすぐに倒産するような状況でなく、よい経営をしているのであれば、こんなオイシイ投資商品はありません。この株はすぐに売り切れてしまうでしょう。

一方、この銘柄の株価が5万円だったらどうでしょうか。毎年100円の配当をもらっても、配当だけでその金額を回収するためには、500年かかってしまいます。そんなに長い間、その会社が存続して利益を上げ続ける保証はありません。何より、生きている間に投資資金を回収できなくなってしまいます。

実際の株価は配当との関係だけで決まるわけではありませんし、これは多少、極端な例といってよいものです。株価として5000円が妥当なのか、2000円が妥当なのか、あるいは1万円が妥当なのかは、最終的には市場参加者の取引の結果が決めることです。

しかし、基本的に株価というのはこのようなメカニズムで決定されます。つまり**株を持っていると、将来どれだけの利益が得られるのかという部分が株価を決める根幹となるわけです。**

多くの人が将来に期待すると、株価は上がる

この例では、毎年100円の配当がありますが、もし会社の業績が好調で、毎年利益が大きくなっている場合には、それに応じて配当も増額されることがほとんどです。この企業がこうした状況にある場合、来年得られる配当は今年よりも増え、再来年の配当はさらに増えることになります。

そうなってくると、もっと高い値段で買ってもよいという人が現れても不思議ではありません。その株を持っていることで得られる利益が毎年増えていくならば、かなりの高値まで許容できます。株価はこうして上昇していきます。つまり**株価が上がるということは、将来の売上げや利益が増えていくと、多くの人が予想していることの裏返しなのです。**

株価の割安、割高を示す指標の1つに、**PER（株価収益率）**というものがあります。PERは、企業の株価を1株あたりの利益（EPS）で割って計算するのですが、簡単にいうと、**株価が今の利益の何倍になっているのかを示した数字**です。いい

換えれば、**株価が何年後の利益まで先取りしているのか**という意味になります。

ＰＥＲが高いということは、かなり先の利益まで先取りしているのか、もしくは、その企業の利益が今後、順調に伸びると市場が予測していることになります。逆にＰＥＲが低いということは、利益成長が低いと見なしているわけです。

もし、ＰＥＲの数字が変わらないのであれば、利益が増加した分だけその企業の株価は上昇することになります。よく証券アナリストなどが「来期の利益予想は○○円なので、株価は○○円に上昇する」などと分析していますが、このような予想が成立するのは、こうした考え方がベースになっているからです。

ここで最初の話に戻りますが、ある国の経済が成長すると、それに応じて名目ＧＤＰも増加することになります。ＧＤＰが増加しているということは、国内で活動している企業の売上げや利益も増大するということを意味しています。

先ほどの株価指標に当てはめれば、将来の期待利益が大きくなってくることになりますから、株価もそれに応じて上昇することになるわけです。

2　バブルとなった日清戦争と日露戦争

先ほど説明したように、**株価とは、その企業が将来生み出す収益の期待値**といい換えることができます。これが経済全体ということになると、その国が将来、生み出す収益の期待値ということになるわけです。

したがって、戦争によって将来の経済的な収益がどう変わるのかという予想の集大成が株価に反映されることになります。もっとストレートにいえば、**戦争の結果、経済がどうなるのかを予想したものが株価**と考えてもよいかもしれません。

株価が上昇した時には戦後不況が始まっていた

では、実際に日本の過去の戦争における株価を見てみましょう。次ページの図4－1は日清戦争から日露戦争にかけての15年間の株価推移を示しています。

図 4-1　日清・日露戦争期の株価推移

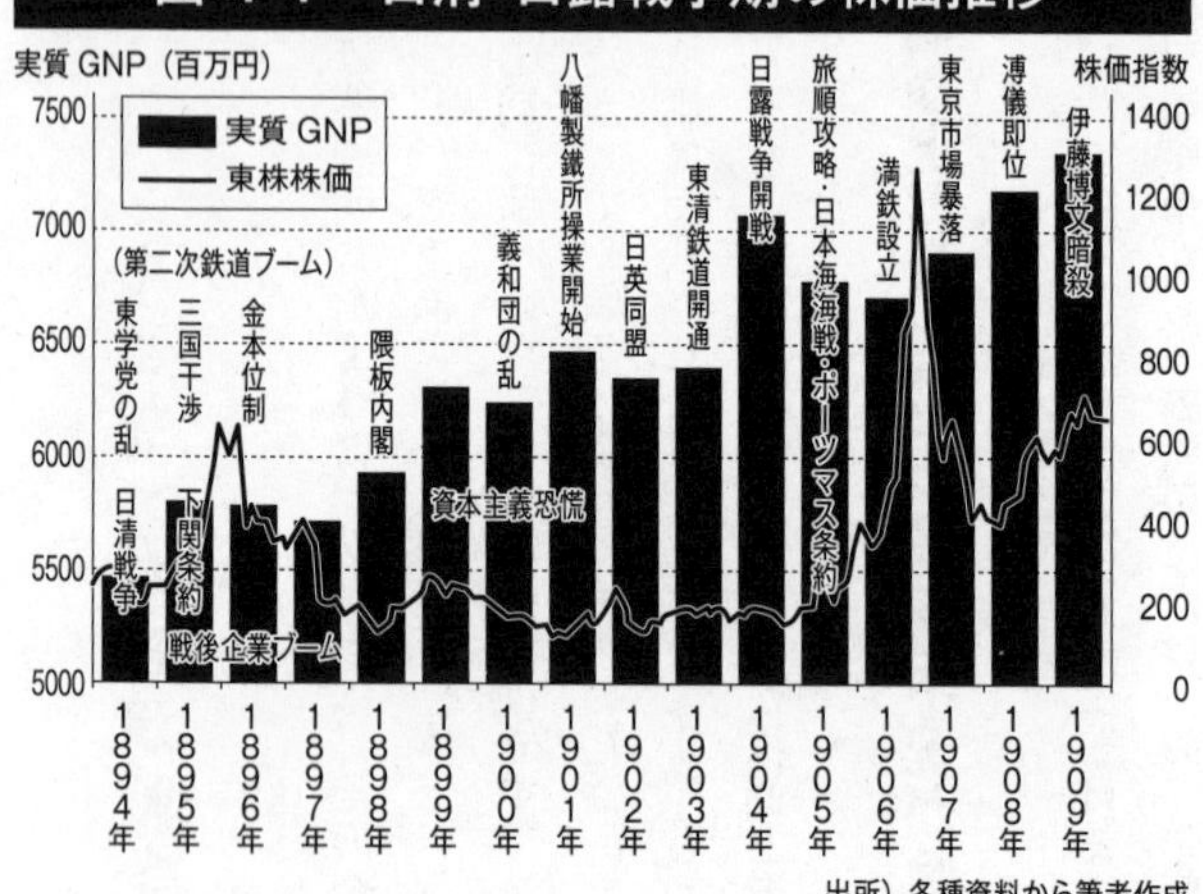

日清戦争と日露戦争に特徴的な動きとしては、**戦争をきっかけにバブルが発生している**という点です。

日清戦争の時には、当時の主要指標である東京株式取引所（当時は、日経平均のような株価指数は存在しておらず、東京株式取引所の株価そのものが市場全体の指標となっていました）の株価は3倍に上昇しました。

日露戦争のバブルは特に激しく、同じく東京株式取引所の株価は2年間で8倍近くになっています。現在の野村證券の創始者である野村徳七（のむらとくしち）氏は日露戦争バブルで巨額の資産を作り、野村グループの前身となる会社を設立しています。

株価と経済の動きが真逆だった日清・日露戦争

株価の動きとGDPの動きを比較すると、そこにはタイミングのズレが存在しています。一般的に**株価は経済の先行指標**といわれており、経済の動きよりも株価が先に反応します。しかし、日清戦争と日露戦争はむしろ株価と経済の動きが逆になっているようです。

日清戦争は約8カ月と短い期間で終了しています。開戦となった1894年のGDPと、下関条約によって終戦となる翌1895年のGDPを比較すると、実質で6・2％も上昇しています。当時の日本はまさに近代化を実現した直後の新興国ですから、高度経済成長の只中ではありますが、それでも6・2％の成長はかなり大きい数字です。これは戦争関連の特需が大きく影響したと考えてよいでしょう。

しかし、株価はこうした状況をあまり正確に反映していません。

株価が急激に上昇するのは、清との講話が成立し、三国干渉によって日本が遼東（リャオトン）

半島の返還を求められてからのことになります。その後、株価はみるみる上昇し、翌年にピークを迎えることになります。しかしこの時には、戦争の反動でGDPは大きく落ち込んでおり、実体経済の状況は悪化していました。

株価と経済の動きにズレが生じたのは、**戦勝という心理的な側面が大きく影響したことに加え、戦争後の経済運営に対する期待が高かったことが理由**と考えられます。

日本は清からの賠償金を元に、1897年に金本位制をスタートさせています。第2章において解説したように、厳密には金とリンクした英ポンド本位制ですが、ともかく、日本でははじめての近代的な通貨制度がスタートしたわけです。

こうした金融システムの整備に対する市場の期待は高く、終戦直後から企業の設立ブームも発生しています。こうしたことが重なり、戦争開始時期よりも戦争終了後にむしろ株価が高騰したものと思われます。

ただ現実には日本の経済基盤はまだ脆弱で、鉄道網や道路網の整備、官営八幡製鉄所の創業など、政府主導のインフラ整備は活発だったものの、民間の資本蓄積はあまり進んでいませんでした。日清戦争までの間、経済はそれなりに成長していましたが、個人消費は活発ではなく、株価も横ばいの推移が続いていたのです。

投資家の視線はいつも厳しい

日露戦争における株価の動きも、基本的には日清戦争と同じでした。日露戦争が開戦になった当初は、株価はあまり目立った動きを見せませんでした。日露戦争は大国ロシアとの戦いであり、この戦争には国家の命運がかかっていましたから、不安要素の方が大きかったのかもしれません。

日露戦争の戦費は、ロンドンのシティとニューヨークのウォール街を通じ、海外投資家によって提供されました。しかし、同盟国である英国や米国がいくら協力的といっても、投資家は常にその採算性について厳しい目を向けるものです。国債の起債は、戦局の状況を見ながらの段階的なものにならざるを得ませんでした。

仁川沖海戦で日本は何とか勝利し、陸軍は鴨緑江を渡って大陸への進出を果たします。また地上戦における重要拠点である遼東半島への上陸を実現したことで、ようやく最初の起債に成功し、戦費のメドが付き始めます。

奉天の会戦に勝利し、日本海海戦でロシアのバルチック艦隊に大打撃を与えたこと

図 4-2　日露戦争時の株価推移

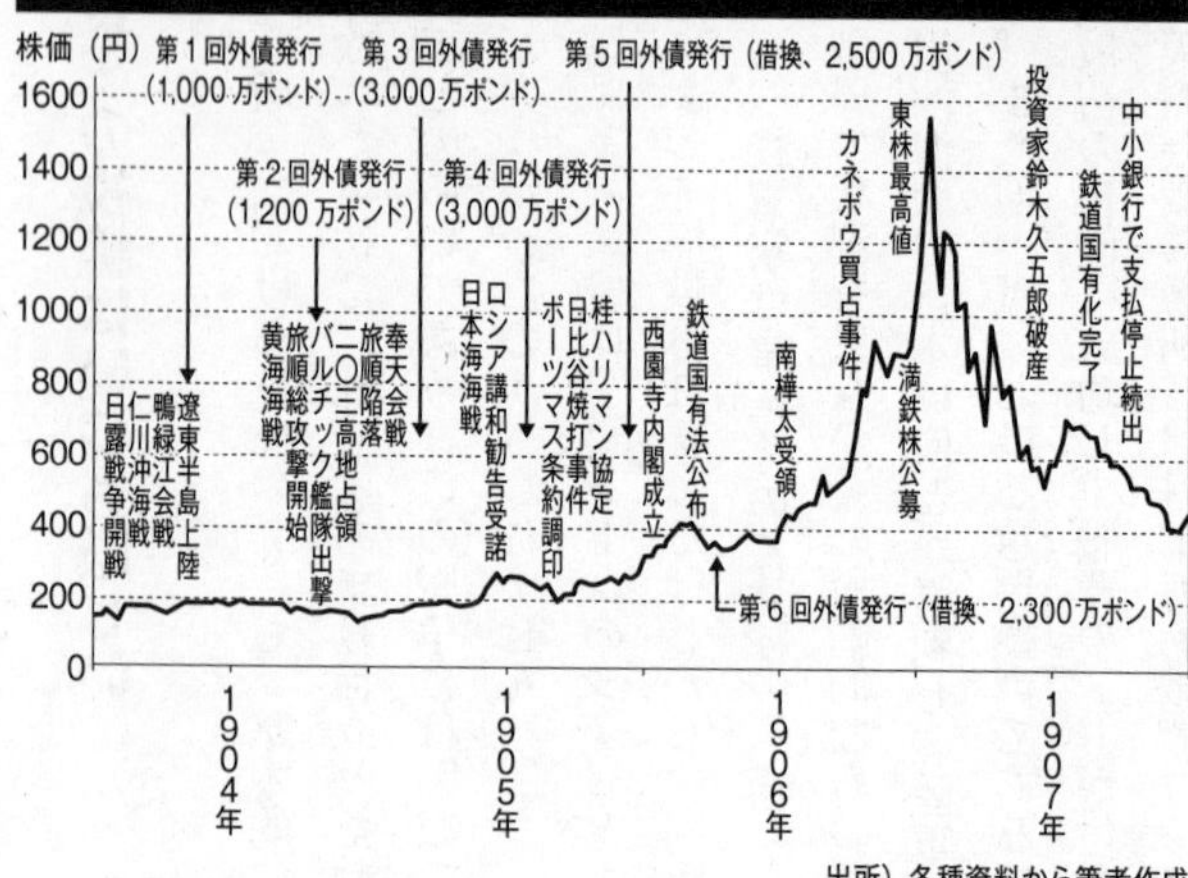

出所）各種資料から筆者作成

で、戦局はかなり有利になってきますが、株価が目立って上昇を始めたのはこの頃からでした。

日露戦争でも株価と経済の乖離が生じています。株価が上昇を開始したのは、戦争の終盤である1905年以降のことです（図4－2）。開戦当初は、GDPが大幅に増加しましたが、翌年には反動で大幅なマイナスとなりました。

それにもかかわらず、その後、バブル的な株価となったのは、戦勝ムードで投資家のマインドが前向きだったことに加え、政府の戦後不況対策への期待が大きかったことが要因と思われます。

日本政府は、戦争終了後も立て続けに外債を発行し、ポンドもしくはドルで資金調達をしています。

その理由は、**国債で調達した資金を外債で調達した資金で返済し、国内のマネーサプライを増やして、景気を拡大させようとしたから**です。

しかし、株式ブームがあまりにも過熱し、株価が実体経済とはかなりかけ離れた水準となり、最終的には株価の大暴落という形で相場が終了してしまいました。

日清・日露戦争当時は、資本市場も未成熟で、現代のように長期的視点で投資を行う機関投資家は育っていませんでした。このため、株価は投資家の心理に左右される傾向が強く、結果として、戦争初期には株価はあまり反応しませんでした。戦局の好転や戦後の景気対策などに期待する形で、かなり後になってからバブル的な株価となったわけです。

現在の株式市場は当時とはかなり状況が異なりますので、たとえ戦争になっても、こうしたバブル的な株価は発生しにくいでしょう。

しかし**日本の株式市場は、米国など諸外国と比べて、長期的な機関投資家の参加比**

率が低く、値動きが激しいことで知られています。日本市場においてこうした不安定な動きが出てくるリスクは、他の先進国よりも高いと考えた方がよさそうです。

3　意外に堅調だった太平洋戦争当時の株価

日清・日露戦争とは比較にならない戦費を投入し、最後は壊滅的な状況で敗戦を迎えた太平洋戦争では、株価はどのような動きを見せたのでしょうか。

意外に思うかもしれませんが、**戦争期間を通じて、株価は思いのほか安定的に、そして堅調に推移しています。**その理由は、**日本が国家総動員体制となり、株価を人為的に買い支える施策が多数導入されていた**からです。

情報統制があっても市場は戦局を見抜いていた

図4－3は太平洋戦争期間中の株価の推移を示しています。開戦時140円前後だった株価指数はピーク時には220円を突破し、最終的には200円前後で終戦を迎えることになりました。見かけ上は、堅調に上昇していることになります。

図4-3　太平洋戦争時の株価の推移

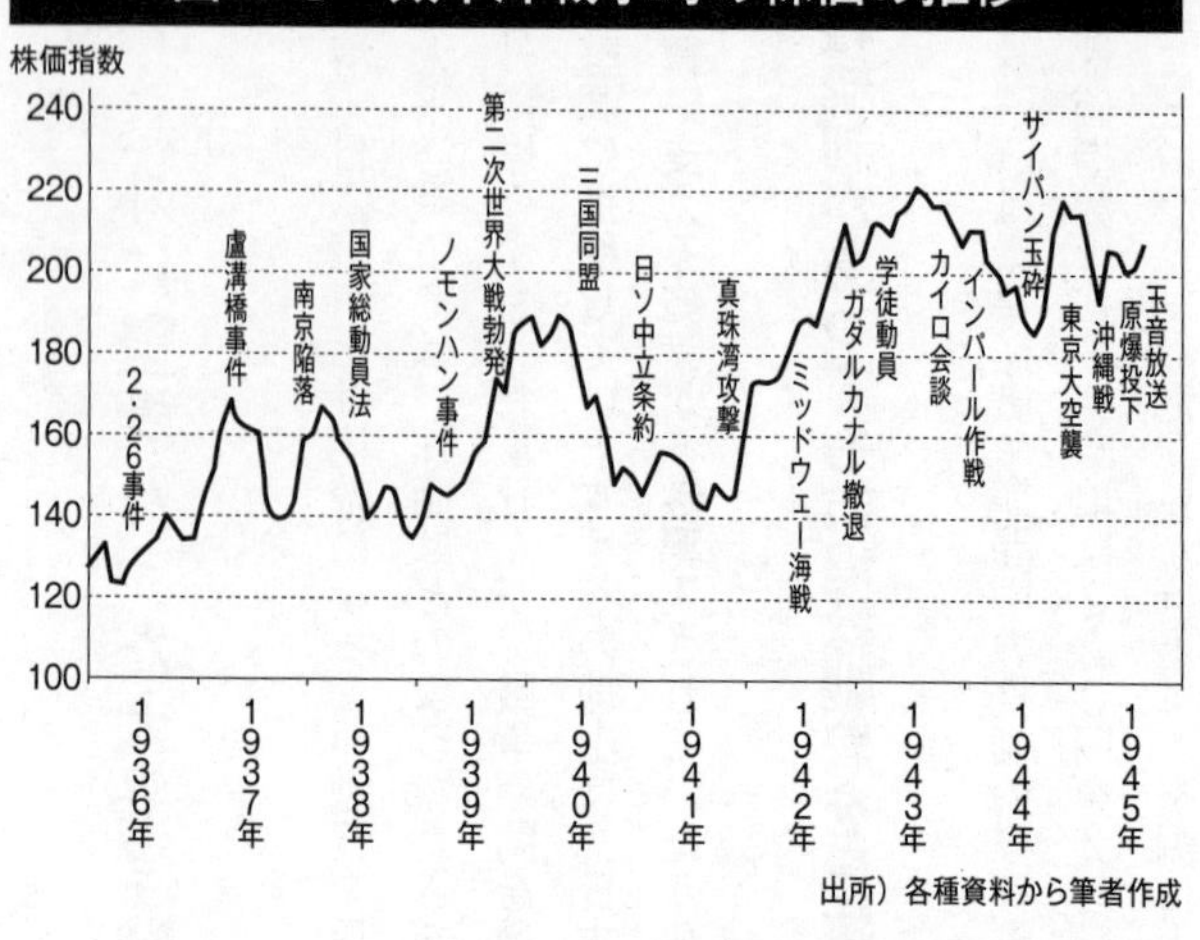

出所）各種資料から筆者作成

しかし、堅調に推移する中にも、株価の動きにはある特徴が見られます。それは**戦局との関係性**です。

当時、日本は国家総動員体制が敷かれており、情報も統制され、国民に正確な情報は提供されていませんでした。しかし、市場とはまさに生き物であり、制限された情報の中から、かなり正確に状況を把握していたようです。

日中戦争から太平洋戦争の期間を通じて、株価が継続的に上昇した時期は2回、逆に株価が大きく下落した時期は5回あります。

最初に株価が上昇したのは、193

8年12月から1940年4月までで、きっかけは第二次世界大戦の勃発です。開戦と同時に、欧州からたくさんの受注が舞い込み、日本は空前の好景気に沸きました。日本は1933年にすでに国際連盟を脱退しており、孤立化の道を歩み始めていました。しかし、第二次世界大戦開始当初、日本政府は欧州の戦争には関与しない方針を掲げていましたから、こうした状況は株価にはプラスに作用したものと考えられます。

歴史を今から眺めて見ると、国際連盟脱退前後から、米英との関係悪化は決定的だったように見えます。しかし、当時の日本人の意識はそうではなく、**多くの人が、実際に戦争になる直前まで、米英からの不信感が極めて大きいことについて、あまり自覚していませんでした。**

1932年には喜劇王チャップリンが来日、34年には大リーガーのベーブ・ルースが相次いで来日し、日本は熱狂的に彼らを迎え入れています。空気が読めていなかったといえばそれまでですが、当時はかなり楽観的なムードだったことがわかります。第二次世界大戦の勃発は、後になってみれば、日本の壊滅につながる出来事ですが、そのような認識は希薄だったと思われます。

しかし、その後ドイツとイタリアと締結された三国同盟に対しては、株式市場は敏感に反応しました。

三国同盟締結後の株式市場は一気に下落が進み、日ソ中立条約が締結される1941年まで下落相場は続きました。資本市場は三国同盟が何を意味しているのか、理解していたと考えるべきでしょう。

同じような動きは、盧溝橋（ろこうきょう）事件や国家総動員法の成立前後にも見られます。

盧溝橋事件は1937年、北京郊外の盧溝橋で日中両軍が衝突した事件です。事件発生後、当時の近衛内閣は不拡大方針を打ち出しましたが、現地の関東軍はこれを無視する形で戦線を拡大、事実上、中国全土に日本軍が展開する結果となってしまいました。最終的にはこれが太平洋戦争への引き金となり、さらには中国共産党の躍進を招いてしまいます。株式市場は、盧溝橋事件の本質を見抜いており、株価は大幅下落となっています。

最後は政府が無尽蔵の資金を投入して株を買い支え

では、こうした株価下落の後に、株価が上昇したのはなぜでしょうか。

それは、政府による株の買い支えがあったからです。

政府による株の買い支えは、当初は、金融機関に対する指導を通じて間接的に行われました。**表面的には民間主導とすることで、いわゆる官製相場というイメージが付かないようにするため**です。

盧溝橋事件による株価下落を受けて、民間が主体となって株の買い支え機関である「大日本証券投資」が設立されました。同社による買い支えは一定の効果を上げ、株価は一旦上昇に転じることになります。しかし、国家総動員法の施行によって日本経済の先行きが不安視され、株価は再び下落に転じてしまいます。

その後、先ほど述べたように、第二次世界大戦の勃発で一時は株価も復活することになるのですが、三国同盟の締結によって、再び株価は暴落してしまいます。

このため政府は、大日本証券投資を改組して、「日本証券投資」という組織を作り、再度株式市場への介入を実施しました。しかしこの時の買い支えは失敗に終わり、株価はなかなか上昇しませんでした。その後、日本を取り巻く環境は急速に悪化し、真珠湾攻撃によって、とうとう日米開戦となってしまいます。

開戦に伴って政府は、本格的に株を買い支えるため、日本興業銀行（後のみずほコーポレート銀行。戦前や戦後しばらくの間、同行は国策金融機関でした）を母体として「日本共同証券」を設立。同社の買い支え資金は興銀が提供したため、豊富な資金を市場に投入することが可能となりました。また真珠湾攻撃やマレー作戦をはじめとする初期の電撃戦が成功したことで市場のムードがよくなり、結果的に株価は高騰することになります。

その後、同社の業務は1942年に設立された「戦時金融公庫」に引き継がれていくことになります。この会社は、従来とは異なり、完全な国策金融機関となっており、その資金には大蔵省預金部資金が用いられることになりました。

先ほども説明したように、当時の日本政府の財政は、日銀の国債直接引き受けによって賄われていましたから、政府は事実上、無限大に資金を用意することができます。したがって、同金庫の買い支え余力も事実上、無限大となりました。

またこの頃から、政府の情報統制が激しくなり、戦局について平気でウソの発表をするようになってきます。ミッドウェー海戦の敗北やガダルカナル撤退は国民には伏せられていたため、しばらく株価は堅調な推移を見せていましたが、戦局の悪化が明確になりはじめた1943年頃から、株式市場には膨大な売り注文が殺到するようになります。

戦時金融公庫は、事実上、無限大の資金力を使ってこれらの売り注文をすべて引き受け、株価の暴落を防いでいました。終戦直前には、取引所が直接株式の買い取りを行うようになり、**株式市場は実質的に凍結状態になったまま、8月の終戦を迎えることになります。**こうした行為は、日本円の減価という形でいつかは帳尻を合わせなければなりません。**戦争中に顕在化しなかったこれらの影響は、戦後の準ハイパーインフレという形で爆発した**わけです。

太平洋戦争の例を見ると、相当な無理を重ねても、経済統制はかなりの期間、継続できることがわかります。しかし、こうした経済統制を長く続けると、最後は破滅的な状況に追い込まれてしまいます。**太平洋戦争は、経済力のない国による戦争遂行がいかに無謀なのかを示すよい事例**といってよいでしょう。

4　戦後を襲った準ハイパーインフレとドッジライン

太平洋戦争は、株式市場が実質的に機能しない状況で終戦となりました。戦後、東京証券取引所（東証）が、正式に株取引を開始するのは、終戦から4年後の1949年5月のことになります。

それまでの間、日本経済は準ハイパーインフレに突入し、市場は大混乱となっていました。しかし、東証の取引再開から約1年後、朝鮮戦争が勃発することで、日本経済は朝鮮戦争特需に湧き、奇跡的に復活することになりました。

取引所はなくても市場は生き延びる

株式市場は長崎原爆投下の翌日である1945年8月10日に取引を停止しました。市場関係者は早期の取引再開を望んでいたようですが、ＧＨＱ（連合国総司令部）

は、「証券市場は十分に民主化されていない」という理由で再開を許可しませんでした。しかし、市場は生き物ですから、取引所がなくても、すぐに実質的な売買が再開されています。どういうことかというと、証券会社を通じた相対の取引が行われていたのです。

多くの人は、株取引というのは取引所だけで行われるものと考えていますが、必ずしもそうではありません。**投資家同士が直接取引する形でも、その時の値段がしっかり公開されていれば、それは取引所と同等の機能を果たします。**

米国のＮＹＳＥ（ニューヨーク証券取引所）は正式な取引所ですが、もう１つの主要市場であるＮＡＳＤＡＱは、相対取引の集合体であり、取引所が存在しているわけではありません。日本でもＪＡＳＤＡＱは、以前は店頭市場という名称になっており、相対売買に近い形となっていました。同様に、東証が売買を再開するまでの間、証券会社による相対取引が行われていたわけです。

図４－４は、終戦直後から朝鮮戦争を経て、１９５５年までの株価推移を示したものです。東証再開前の株価指数と東証再開後の株価指数（ＴＯＰＩＸや日経平均）は異なりますが、このチャートでは日経平均に連続するように修正してあります。

図 4-4　戦後インフレ期と朝鮮戦争特需の株価推移

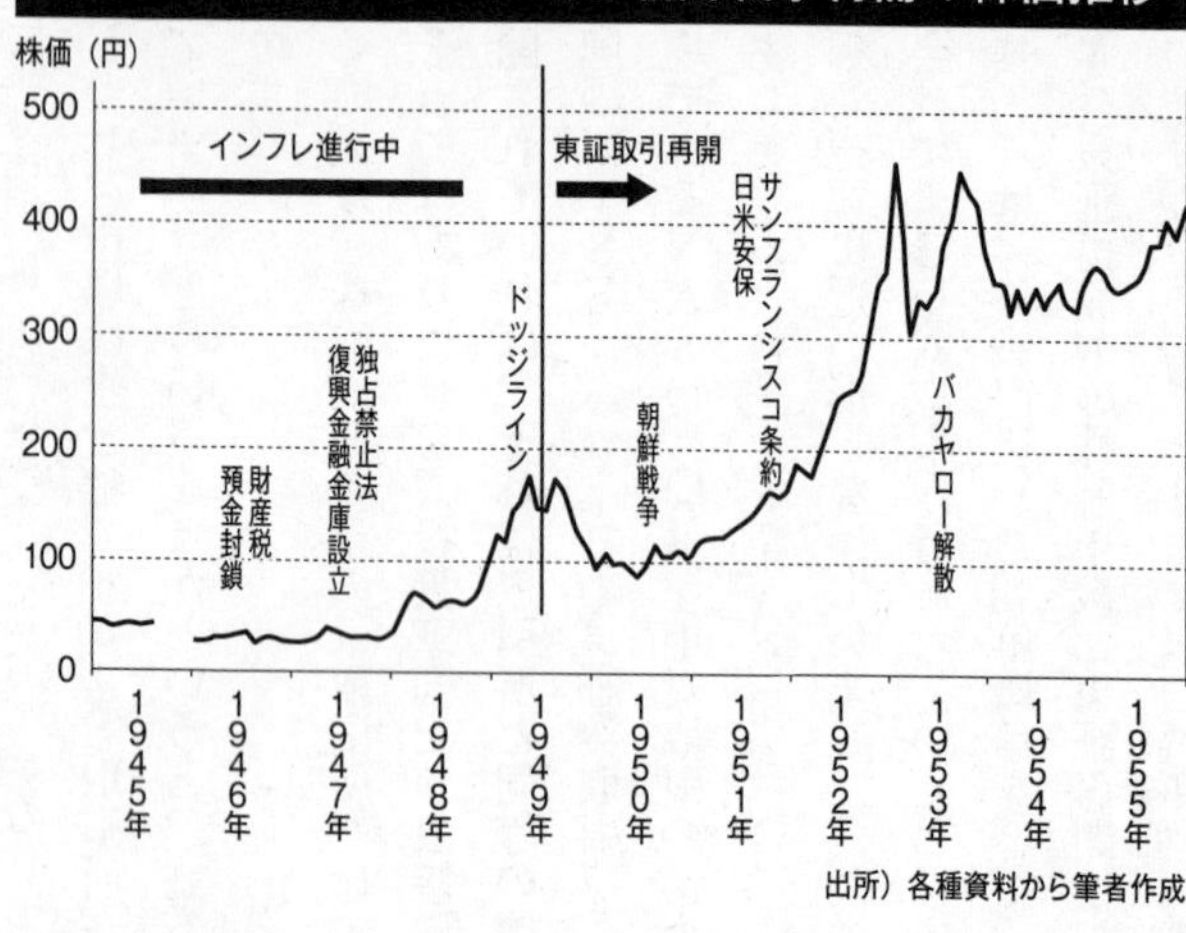

出所）各種資料から筆者作成

当時の株価について検証する場合には、東証による取引再開前と再開後について、明確に区別することが重要です。なぜなら、取引再開の直前に実施されたドッジライン（後述します）によって、インフレがようやく沈静化しているからです。

つまり、ドッジラインより前は猛烈なインフレが継続しており、株価の上昇は物価に追い付かないほどでした。しかし、ドッジラインより後、特に朝鮮戦争勃発後の株価上昇は、景気拡大によるものとなっています。インフレも進んでいましたが、好景気によるものですので、これは健全な動きといってよいでしょう。

ドッジライン以前の株価上昇は、あくまでインフレに追い付くための株価上昇にすぎませんが、朝鮮戦争後の株価上昇は、本物の株価上昇といい換えることができるわけです。

インフレでも最初は株価の動きが鈍かった

後述しますが（241ページ）、日本政府は1946年に**預金封鎖と財産税の徴収という強硬手段を実施し、太平洋戦争によって発生した膨大な債務を処理することになります。つまり、国民の資産を根こそぎ奪う形で太平洋戦争の帳尻を合わせた**わけです。

これによって莫大な戦費調達に伴うインフレは収束すると思われたのですが、実際にはそうはいきませんでした。

戦後復興のために大量の資金が必要となり、政府は興銀から分離させる形で復興金融金庫（現在の日本政策投資銀行）を設立しました。同行によって大量の資金が産業界に供給されたことから、再びインフレが進み、政府はその対策に手を焼くことになったのです。国民から財産を奪って債務を処理したにもかかわらず、今度は復興のための金融機関がインフレを誘発してしまったことから、「復金インフレ」などと呼ばれていました。

最終的にはGHQの経済顧問であったジョセフ・ドッジ氏の発案による超緊縮政策（いわゆるドッジライン）によって、ようやくインフレは沈静化することになります。ドッジラインでは、戦時統制の廃止、単一為替レートの設定、自由競争の促進など、今の日本経済の基礎となる施策が導入されました。それ自体は日本経済にとってプラスでしたが、インフレを抑制するため、徹底した金融引き締めを実施したことから、景気は一気に低迷。いわゆるドッジライン不況が発生してしまいます。

終戦後の株価推移を見ると、当初はあまり目立った動きを見せていません。終戦直後は、その日の生活にも事欠く状況であり、株の保有者の多くが、日々の生活費を確保するために株を売った可能性が高く、株価は低迷していました。

しかし、この間にもインフレは猛烈なスピードで進んでいますから、株価が横ばいでも、それは実質的には大きなマイナスになっていたわけです。

株価がインフレに追い付く形で急上昇を始めるのは、1947年の年末になってからのことになります。最終的に株価指数は最大で7倍近くの上昇となりますが、その直後にドッジライン不況が襲ってしまい、株価は再び下落してしまいます。**最終的に株価が復活するのは朝鮮戦争特需の後**でした。

戦後の証券民主化運動で株主は大損をした

実は、終戦後、東証が取引を再開するまでの間、GHQは日本の証券市場の改革を試み、国民に対して積極的に株を買うよう推奨する運動が展開されました。その狙いは、GHQによる財閥解体をスムーズに進めることにあったようです。

GHQは、日本の実情をよく理解しておらず、財閥が軍国主義を主導していたという認識を強く持っていました。実際にはまったく逆で、財閥各社はむしろ右翼のテロの標的になっていたくらいでしたが、GHQは財閥を強制的に解体する措置を次々に実施していきました。

その中で問題になったのが、**財閥のファミリーや各社が保有する大量の株式**です。

ＧＨＱはこれを多くの日本国民に広く分配するのがよいと考え、証券会社の協力を仰いで、株式購入キャンペーンを実施します。当時は「証券民主化運動」と呼ばれていました。財閥解体の是非はともかく、投資家の裾野を広げようという考え方そのものは悪くありませんが、この証券民主化運動にはいくつかの問題点がありました。

1つは、企業の戦後処理と前後して行われてしまったため、**一部の企業では、新しく株式を購入した投資家が、戦時中に発生した不良債権処理の損失を引き受ける結果となってしまったこと**です。せっかく株を買った直後に、大規模な特別損失が発生してしまったわけです。

もう1つは、その後に行われた**ドッジライン不況**です。

当初は、株式市場はインフレに合わせて好調な展開を見せていましたが、ドッジライン不況によって市場は大暴落する結果となりました。そのタイミングで株を買った投資家は、大きな損失を抱えてしまったわけです。

その後も株式を継続して保有していれば、朝鮮戦争特需で大きな利益が得られましたが、それはあくまで結果論です。大半の個人投資家は損失に耐えきれず売ってしまったといわれています。

5　空前絶後の朝鮮戦争特需

ドッジラインによってインフレは沈静化させたものの、緊縮政策によって日本の景気はすっかり冷え込んでしまいました。戦後の復興も進まないのではないかと思われていましたが、こうした状況を一変させたのが、**1950年に発生した朝鮮戦争と、それによる日本企業の特需**です。

断っても断っても注文がやってくる

この特需では、1951年から1953年の3年間で、米軍から日本企業へ10億ドルを上回る金額の注文が出されました。1ドル＝360円とすると、3年間で3600億円、1年あたりでは1200億円となります。当時の日本のGDPは4兆円程度しかありませんから、**GDPの3％にも相当する額が米軍から発注された**わけです。

その効果は様々な分野に波及しますから、日本経済全体が好景気に湧く結果となりました。1951年の名目GDPは前年比で何と38％の増加となり、翌52年は12％の増加、53年は15％の増加となりました。2014年度における名目GDPの成長率は1・5％であることを考えると、まさに想像を絶する経済成長といってよいでしょう。この数字は高度成長期の中国を凌ぐ水準です。

当時の新聞などを見ると、断っても断っても注文がやってくるという状況で、まさに空前絶後の好景気といった雰囲気が感じられます。当然のことながら、これによって株式市場は完全に息を吹き返しました。

朝鮮戦争開戦前の1950年1月に100円前後だった日経平均株価はみるみる上昇し、ピークとなった1953年には一時450円を突破しました。一連の株価上昇によって企業価値がインフレに追いつき、経営基盤も安定することになりました。朝鮮戦争の前後に実施された資産再評価も、株価の上昇に弾みをつけています。

日本は猛烈なインフレで物価が上がっていたわけですが、企業の決算における固定資産の評価額だけは昔のままとなっていました。インフレですべての価格が上昇していましたから、土地や設備などの資産額が過小評価されている状況だったわけです。

各企業は、時価に合わせて固定資産の評価額を計算し直し、新しい価値を基準に財務諸表を作成しました。これによって企業の財務体質は向上し、経営の安定性が増したわけです。

日本経済全体としては、**貴重な外貨を豊富に入手できたことが、朝鮮戦争特需における最大のメリット**です。朝鮮戦争特需では、発注元は主に米軍ということになりますから、企業は販売代金をドルで受け取ることになります。

今でこそ、日本は世界3番目の規模を持つ経済大国であり、グローバルに通用する為替市場を持っていますから、ドルの入手は非常に簡単です。しかし、太平洋戦争当時の日本はグローバル経済に背を向けていましたし、日本経済が破たんしてしまったことで、企業がドルを入手することは極めて困難でした。

日本の製造業は今も昔も加工貿易を基本としています。つまり海外から原材料を輸入し、製品を作って海外に売るというビジネスです。今の時代は現地生産も増えましたが、当時はほとんどの企業が国内に工場を持ち、原材料はすべて輸入していました。原材料の輸入には当然ですが、ドル資金が必要となります。**朝鮮戦争特需によって企業は豊富なドル資金を手にしましたから、必要な資材はすぐに輸入することがで**

き、**それが日本企業の活発な生産につながっていった**のです。

第2章では、ロシアが外貨不足によって経済的にも軍事的にも苦境に陥っているという話をしました。外国の企業と活発な取引があり、外貨を自由に調達できるということは、国家の運営にとって非常に大事なことなのです。**強力な軍隊を持つためには、強い経済が必要であり、そのためにはグローバルに開かれた市場環境が必要**であることを朝鮮戦争特需は教えてくれています。

杞憂に終わったスターリン暴落

3年間続いた朝鮮戦争特需による株価の高騰は、1953年の大幅な株価下落（いわゆるスターリン暴落）によって一旦、終了となります。

当時、旧ソ連は、独裁者スターリン氏が権力を握っていました。彼は、レーニン氏の死後、共産党の最高指導者となり、政敵を次々に粛清することで、独裁的恐怖政治を行っていたのです。スターリン氏の存在は米ソ冷戦の引き金にもなりましたが、政権が安定していたこともあり、スターリン氏の政権が続いていることは、国際情勢に変化がないことの裏返しでもありました。

西側諸国としては、スターリン氏は排除すべき存在でしたが、皮肉なことに彼が君臨していることが、市場の安定要因でもあったわけです。そのスターリン氏が死亡し、今後のソ連の方向性が不透明になったことで、全世界的に株価の暴落が起こってしまいます。

スターリン氏の後継者として、穏健派のフルシチョフ氏がトップに就任し、米国との対話路線を進めましたから、結果的には株式市場の動揺は無意味だったことになります。しかし、スターリン氏死去のニュースが届いた当時の株式市場はかなりの混乱で、日経平均株価は10％も下落してしまいました。

もっとも、こうした国際情勢の変化による株価の下落は、それだけが原因ではないことがほとんどです。下落する要素がマグマのように溜まっている時に、こうしたニュースが飛び込んでくると、それが株価下落のトリガーになるという仕組みです。

この時には、やはり朝鮮戦争の終結が不安材料として存在していたものと思われます。特需がなくなってしまった後の経営をどうしようかという不安が市場に徐々に広がっていたわけです。そのようなタイミングでスターリン氏が死亡したことから、株価が一気に暴落しました。こうした事例は今でも散見されることですから、投資を行う際には注意が必要でしょう。

ちなみに、スターリン暴落の後、2年ほど不景気が続くことになりますが、その後、日本経済は神武景気から岩戸景気に続く、いわゆる高度成長期を迎えることになります。これによって株価は再び上昇に転じ、1961年には、日経平均株価が何と1800円まで上昇しました。今の株価水準に当てはめれば、8年後に日経平均株価が9万円になるような感覚です。

1956年の経済白書では、有名な「もはや戦後ではない」という一文が盛り込まれましたが、実際、1955年には国民所得が戦前と同水準に戻っていました。名実ともに日本経済が復活したのは、確かにこのタイミングだったわけです。

日本の過去の歴史を見ると、第一次世界大戦と朝鮮戦争という、日本が当事者ではない二つの大きな戦争があったことで、日本経済は大きく成長しています。**特に朝鮮戦争がなければ、日本は太平洋戦争の損失を取り返せなかったでしょう。**

他国の戦争で、今の日本があるというのは非常に不謹慎な話ですが、これが冷酷な国際社会の一面でもあります。

第５章

地政学を理解すれば
世界の動きが見えてくる

戦争とお金の問題を考える時、避けて通ることのできない学問分野が、地政学です。

地政学という言葉は、株価の動向を分析した記事などにおいて「地政学的リスクが高まり、株価が下落した」といった形で使われることが多く、単に戦争のことを指すというイメージを持っている人も多いかもしれません。しかし、実際の地政学はもう少し複雑です。

この章では、国家間の潜在的な関係を決定しているともいわれる地政学について紹介します。

1　地政学の創始者マッキンダー

地政学の根底にあるのは地理的条件

地政学とは、**地理的な位置関係が国際関係や各国のパワーバランスにどのように影響するのかを探る学問分野**です。重要なのは、地政学のベースには地理学の概念が存在しており、**地理的条件が、国家間の潜在的な関係を決定している**という考え方です。つまり地政学においては、**地理的な条件が変わらない限り、同じようなシナリオが想定される**ということになります。

たとえば、朝鮮半島をめぐる、日本、中国、ロシア、米国（英国）の関係は、日清戦争当時も、日露戦争当時も、太平洋戦争当時も、そして現在も基本的に変わっていません。それぞれの国の体制や同盟関係には多少の変化はありますが、地政学的に見た基本的な図式は同じです。そうなると、朝鮮半島をめぐる地理的条件が大きく変わらない限り、日本は同じような紛争に巻き込まれるリスクがあるという考え方が成立します。

単純に現在の国際関係だけを見て議論してしまうと、その時の状況によっていかようにも結論を導き出すことができてしまいます。しかし地政学をベースにした議論では、基礎的な条件が変わらなければ、一定の方向性に沿って議論ができますから、国家間の争いについて分析する際には、非常に有益なツールとなり得ます。

日本では戦争に加担した学問ということで、戦後しばらくはタブー視されていたのですが、地政学に関する知識は持っていて損はないでしょう。

世界は「ハートランド」を中心に形成されている

地政学の基礎を築いたのは、英国の地理学者で政治家でもあったマッキンダーという人物です。彼の著作である『デモクラシーの理想と現実』（原書房）を読んでも、実は地政学という言葉は出てこないのですが、現在の地政学の基本的な概念の多くは

図5-1 地政学的な世界観

マッキンダー氏によって編み出されたものです。

地政学では、地理的条件によって国家の関係が規定されると考えますから、地図の見方は独特なものとなります。社会の授業では、地球上には、ユーラシア大陸、アメリカ大陸、アフリカ大陸、オーストラリア大陸、南極大陸という5つの大陸があると教えられた人が多いと思います。確かにその通りなのですが、マッキンダー氏の地政学では、重要な大陸はユーラシア大陸1つしかありません。

世界はユーラシア大陸を軸に構成されており、アメリカ大陸やアフリカ大陸は、ユーラシア大陸を取り巻く島に過ぎないと考えます。すべてをユーラシア大陸中心に考えるマッキンダー氏独特の考え方が、地政学的な理解のベースになっていますから、ここはしっかり押さえておく必要があるでしょう。

さらにマッキンダー氏は、ユーラシア大陸の中でも中国の西部（チベットなど）やモンゴル、アフガニスタン、さらにはロシア南部から東欧の一部にかけてを**ハートランド（心臓地帯）**と呼び、特別な場所と位置付けました（前ページの図5－1）。

なぜこの場所が重要なのかというと、**このエリア一帯は、河川を使って、太平洋やインド洋、地中海に出ることができないという独特の地理的特性を持っている**からです。このエリアを流れる川は、北上して北極海に注ぐか、カスピ海など内陸の湖に流れ込むしかなく、海上輸送という既存の交通インフラとは完全に切り離された状況にあるのです。

国家のパワーバランスは基本的に経済活動で決まりますから、既存の交通インフラから切り離されている地域は、国家間のパワーバランスにおいても、隔離された状況に置かれることになります。ここが押さえておくべき第一のポイントです。

海軍力が武器のシーパワー、陸軍力が武器のランドパワー

マッキンダー氏が提唱したもう1つの重要な概念が、シーパワーとランドパワーです。**シーパワーとは、海軍力を基本として、海上輸送システムをスムーズに運営できる能力のことを指します。**

米国や英国は、ユーラシア大陸と海によって分断された場所にあるため、典型的なシーパワーの国ということになります。かつての英国や現在の米国は、世界各国の海洋に自国の艦隊を展開しており、ほぼ全世界の制海権を確保しています。これによって、両国が提唱する自由貿易が担保され、エネルギーの輸送も自由に行えるようになっています。

つまり**シーパワーの国は、海軍力を武器に、自由貿易を活発に行い、オープンな経済を運営することで、経済力と国力を蓄える国ということになる**でしょう。

これに対してランドパワーは、陸軍力を基本として陸上交通システムを構築し、それをスムーズに運営できる能力のことを指します。ランドパワーの国は、道路網や鉄

道網などを使って自国の勢力を拡大しようとします。ロシアは海洋に出るための港が少なく、基本的には陸路で覇権を拡大しようとしていますから、典型的なランドパワーの国と考えてよいでしょう。

シベリア鉄道はロシアにとって重要な交通インフラです。また、エネルギーの分野では、ロシアはパイプラインを東欧経由で西欧に接続しており、天然ガス供給において重要な役割を果たしています。これも一種のランドパワーが具現化した形ということになります。

シーパワーの国は、隣国とはとりあえず海で隔てられていますから、海を使って世界各国と貿易を行い、富を増やすことの方に熱心となります。一方、ランドパワーの国は隣国と地続きですから、自国領土の保全を最優先に考えざるを得ません。このためどちらかというと閉鎖的になり、ビジネスには積極的ではありません。

マッキンダー氏は、シーパワーの国とランドパワーの国は、置かれている地政学的状況が異なっていることから、極めて相性が悪く、利害が相反すると考えました。

先ほどのユーラシア大陸を中心とした世界観では、すべての海洋から切り離されたハートランドは究極のランドパワー地域ということになります。したがって、このエリアを**強力なランドパワーの国が支配した場合、海洋に接する周辺の国と極めて大きな利害の対立を引き起こす可能性があります。**これがマッキンダー氏の提唱した地政学における基本的な認識です。

ランドパワーとシーパワーがぶつかる三日月型のエリアは、のちに**リムランド**と呼ばれるようになりました（167ページの図5－1）。日本や朝鮮半島、台湾、東南アジアはすべてこのリムランドに含まれていますから、この地域は地政学的に見た場合、紛争になるリスクの高いエリアということになります。中東から東欧にかけても同様です。

地政学の世界では、歴史的に西ヨーロッパは、ハートランドから圧力を受け続ける地域であると認識されます。実際、ヨーロッパ社会は、東欧からのゲルマン人の大移動で始まりましたし、第一次世界大戦の原因となったのはバルカン半島の複雑な政治情勢でした。ハートランドからの圧力を受ける最前線が、東欧や中東ということになりますから、この地域が不安定で常に紛争の火種になるのは、地政学的には当然の結果ということになるのです。

2　地政学的にアジアを見ると

ハートランドを世界の中心とする地政学的な基本認識については、科学的な根拠が薄いとして否定する識者もいます。ここでは学術的な是非については議論しませんが、私たちにとって重要なのは、そこではありません。

地政学的な思考は、各国の政治指導者や軍関係者にはかなり浸透しています。現実の国際政治に大きな影響を及ぼしていますし、各国の政治指導者が地政学を積極的に学ぼうとする理由もそこにあります。つまり、**地政学的な理解ができるようになる**と、**世界のリーダーと共通言語を持つことができる**わけです。

なぜ中国はチベットとウイグルを弾圧するのか?

先ほど、朝鮮半島の地政学的な状況について触れましたが、朝鮮半島をめぐる各国の動きは、非常に教科書的です。

地政学では、世界の中心はユーラシア大陸のハートランドにあり、この地域を支配できる国が、世界における覇権国家となります。ここでいう**覇権国家とは、世界に対して影響力を行使し、支配的な立場になれる国のこと**を指しています。また、国家にはランドパワーとシーパワーがあり、両者の利害関係は常に対立する構図になっています。

朝鮮半島に対して歴史的にもっとも影響力を行使してきたのは中国ですが、中国という国は、国土の西側がハートランドに接する位置にあります。しかし中国西端にあるチベット自治区や新疆(しんきょう)ウイグル自治区は、もともと中国ではなく、中国が軍事的に弾圧し、無理矢理、自国の領土にした地域です(このためチベットやウイグルでは今でも独立運動があり、中国による弾圧が続いています)。

中国がチベットやウイグルをここまで重視しているのは、**両地域が地政学上のハートランドに接しており、ここが他国の影響下に置かれることは、地政学的に見た場合、致命的な状況となるからです**。

ただ、現実にはチベットの先にはエベレストで有名なヒマラヤ山脈があり、ウイグルの先には天山山脈という非常に険しい山があります。このためハートランド中心地とのアクセスはあまりよくありません。つまり大きな断絶があるのです。

マッキンダー氏はハートランドを支配した国が、西に移動して欧州に圧力をかけると考えました。その理由は、マッキンダーが英国人であり欧州問題に対する関心が高かったこともありますが、地理的に見て、ハートランドから中国の方向に進出することは現実的ではないからです。これは中国から見ても同じことになります。

中国は、安全保障のためにチベットやウイグルを重視していますが、それより西には行こうとしていません。その理由はマッキンダーが考えたように、**地理的な条件が厳しいから**です。したがって中国はハートランドに国土の一部を持っていますが、どちらかというと海洋の方に興味があり、半分はシーパワーの国ということになるわけです。

中国から見れば、朝鮮半島は海に出るための最先端の場所ですから、当然、地政学的には非常に重要なエリアとなります。**朝鮮半島が中国と敵対する国の支配下に入ってしまうと、中国は黄海から東シナ海に出るルートを容易に押さえられてしまいます。**中国が何としても朝鮮半島を自国の影響下に起きたいと考えるのも無理はありま

図5-2 チベット自治区と新疆ウイグル自治区

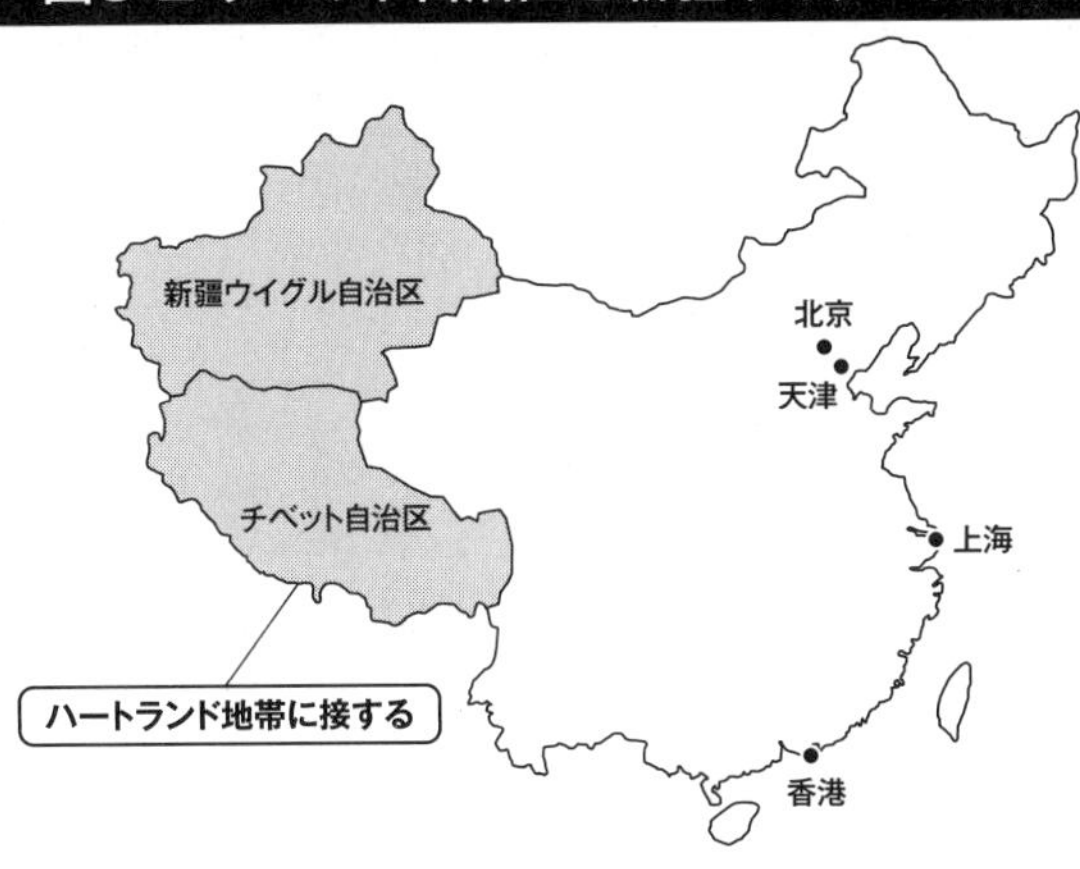

せん。

ロシアと中国が日本を邪魔だと思う理由

これはロシアにとっても同じことです。

ロシアのウラジオストクは、ロシア太平洋艦隊の拠点であり、ロシアにとっては、冬の凍結を気にしないで大洋に出られる数少ない港となっています。

ロシアは典型的なランドパワーの国ですが、唯一、シーパワーを発揮できそうなエリアが日本海に面したウラジオストクというわけです。

しかしながら、ウラジオストクから太

平洋に出るためには、宗谷海峡か津軽海峡もしくは対馬海峡のいずれかを通らなければなりません。津軽海峡は両岸が日本となっていますから、宗谷海峡と対馬海峡の重要度が増してきます。中国と同じように、朝鮮半島が敵対する国の支配下に入ってしまうと、やはりロシアの動きは制限されてしまうわけです（図5－3）。

ロシアと中国にとって非常に面倒な存在となっているのが、私たちの住む日本であり、この位置関係が、朝鮮半島をめぐる利害の基本を形づくっているのです。

朝鮮半島をめぐる情勢は昔も今も同じ

典型的なシーパワーである英国や米国は、**日本とうまく同盟関係を結ぶことで、中国やロシアの動きを封じ込め、太平洋における自国の海洋覇権を維持することが可能となります。**かつて英国が日本と日英同盟を結び、現在の米国が日米同盟を結んでいるのは、地政学的には当然の結果といってよいでしょう。韓国との同盟関係もまったく同じ理由で説明がつきます。

本書でも取り上げた日清戦争、日露戦争、日中戦争、太平洋戦争、朝鮮戦争はすべ

図5-3 東シナ海を地政学的に見ると

て、朝鮮半島と中国をめぐる共通の地政学的要因で発生しています。

たとえば、日清戦争は朝鮮半島の支配権をめぐる日本と中国の戦いですし、日露戦争は、同じく朝鮮半島をめぐるロシアと日本の勢力争いです。

日清戦争で日本側は、清の北洋艦隊を黄海(こうかい)海戦で破り、地上部隊は、遼東半島と山東半島を占領し、戦局を有利に進めることができました。遼東半島と山東半島は、まさに首都北京の出入口ですから、陸・海両面でこのエリアを押さえることは地政学に大きな意味があるわけです。

日露戦争では、相手はロシアに変わ

りますが、やはり黄海と対馬沖で海戦を行い、遼東半島を制圧しています（旅順攻撃では203高地をめぐって激戦となりました）。相手が変わっても、戦略拠点をめぐる争い方は共通であることがわかります。

朝鮮戦争は、実質的に革命後のロシア（旧ソ連）と米国が朝鮮半島の支配権をめぐって争った戦争ですが、かつての日本と同様、米軍は漢江の河口である仁川から地上部隊を上陸させています。時代や相手が変わっていても、戦争の本質は何も変わっていません。

これは逆に考えれば、**今後も朝鮮半島をめぐって各国の利害が対立し、紛争に発展する可能性はゼロではない**ということでもあります。それが少し現実味を帯びてきたのが、このところの中国による威嚇行為と考えてよいでしょう。

なぜ中国はそこまで尖閣諸島にこだわるのか？

中国が執拗に自国領土であると主張している尖閣諸島は、ちょうど九州から台湾に引いたラインに位置しており、このラインは中国が黄海から太平洋に出る道を塞ぐような形になっています。

中国の立場に立ってみれば、このラインを日本に押さえられているデメリットは計り知れないものがあります。**朝鮮半島や日本列島、東シナ海沿岸は、地政学的にはリムランドに属する地域であり、シーパワーとランドパワーが衝突する危険地帯**という認識です。

中国にとっては、沿岸部の海洋覇権を敵対する国に押さえられてしまった場合、このエリアでの影響力を行使できず、最終的には中国本土に対するリスクが増大してしまいます。

だからといって、尖閣諸島に対する中国の行動は容認できるものではありませんが、私たちは、中国がなぜこれほどまでに尖閣諸島にこだわるのかという理由について理解しておいた方がよいでしょう。

3　なぜアフガニスタンで紛争が多発するのか？

朝鮮半島に紛争が多い理由と同様、アフガニスタンで紛争が多いことについても、地政学がわかると、すんなり理解できます。

アフガニスタンでは、米国が泥沼の戦争にはまってしまいましたし、1980年代には旧ソ連が侵攻し、今の米国と同様、ほとんど成果を上げられずに撤退しています。さらに歴史を遡（さかのぼ）れば、英国とロシアが互いに干渉を繰り返してきたのですが、その理由は、アフガニスタンが地政学上の要衝にあたるからです。

アフガニスタンをめぐるグレートゲーム

何度も解説しているように、地政学ではユーラシア大陸の中心部分であるハートランドが世界支配のカギを握ります。**アフガニスタンは、まさにこのハートランドのど**

図5-4 アフガニスタンの位置

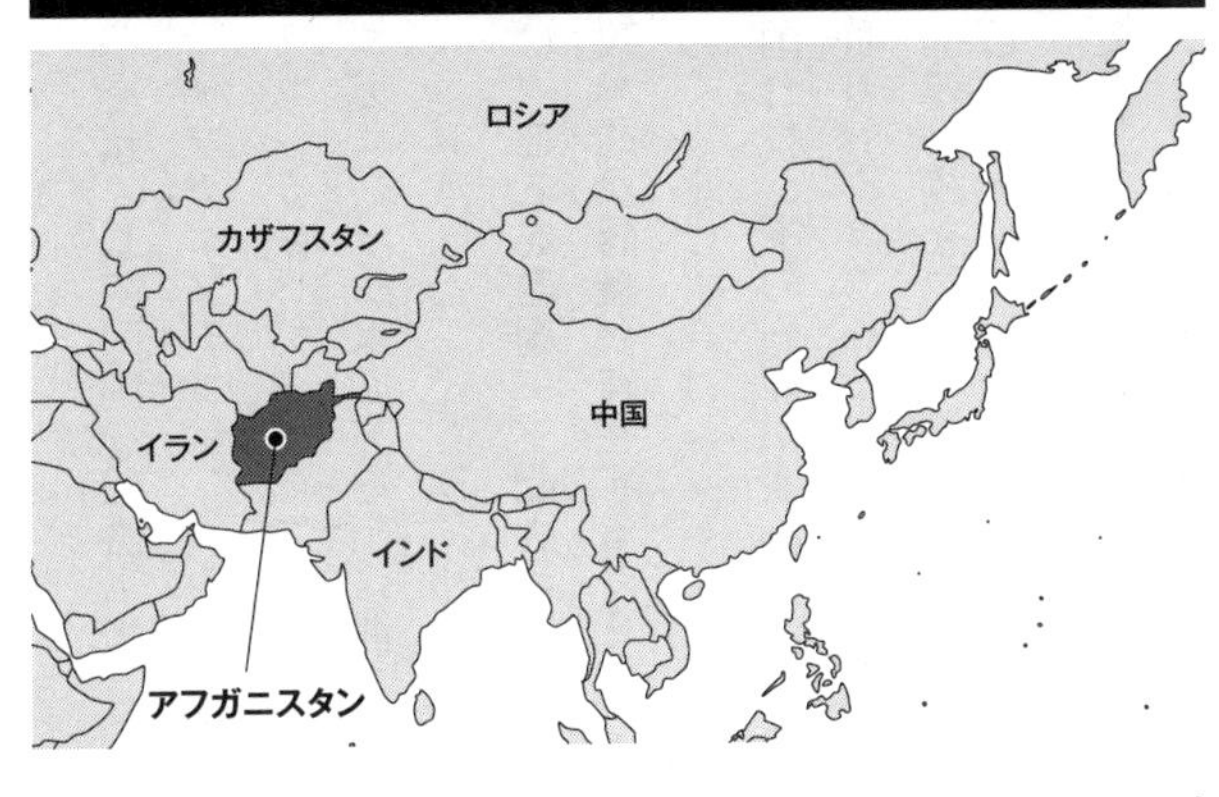

真ん中に位置する国です（図5－4）。

西側はイランと接し、北側はカザフスタンからロシアにつながっています。東側から南側にかけてはパキスタンと国境を接しており、東の突端では中国とも一部、接しています。まさに東西の十字路のような状況といってよいでしょう。

アフガニスタンに民族王朝が成立する前、この場所は、イランやインドの勢力下にあったりしました（インドとパキスタンが分離したのは１９４７年ですから歴史的に見ればつい最近です）。18世紀にアフガン王朝が成立しますが、その後は、地政学的な争いに翻弄され続けます。

最初にアフガニスタンに干渉を強めたのは

英国です。英国はアフガニスタンがロシアの勢力下に置かれることを警戒し、アフガン戦争を起こして同国を保護下に置こうとしますが、この戦略は困難を極めました。結局、アフガニスタンは、ロシアと英国の狭間で揺れながら、何とか独立を維持するという状況が続いてきたのです。

アフガニスタンは四方を山に囲まれた貧しい地域であり、ここを占領しても経済的なメリットはほとんどありません。それにもかかわらず、英国やロシアが干渉を試みるのは、**ここを敵国に支配されてしまうと、ユーラシア大陸全体の覇権に関わるという地政学的な認識が存在するから**です。ちなみに、ロシアと英国によるアフガニスタンをめぐる駆け引きは「グレートゲーム」と呼ばれています。

英国とロシアの均衡が崩れるきっかけとなったのが第二次世界大戦の終了に伴う英国の撤退です。これまで全世界の覇権を握っていた英国に代わり、米国がアフガニスタンへの干渉を強め、これにロシア（旧ソ連）が対抗するという図式になりました。

かつての英国と同様、旧ソ連の勇み足で干渉しすぎた結果が1979年のアフガン侵攻であり、2001年からの米軍による軍事介入も同じ文脈で理解することができます。米国のアフガニスタンへの介入の理由は、表面的にはアルカイダに対する報復でしたが、その背後には地政学的な野心があったことは否定できません。

米国はその後イラク戦争を起こしていることからもわかるように、ハートランド全域を軍事的な支配下に置こうと画策した節があります。そう考えれば、イラクより先に、ハートランドの要衝であるアフガニスタンを攻めたのは当然のことなのかもしれません。

偶然なのか必然なのかはわかりませんが、**ハートランドの地域は、石油や天然ガスといったエネルギーが豊富です**。石油全盛時代に入ってからは、エネルギーに関する覇権争いも加わりますから、状況がさらに複雑になりました。米国の石油企業が、アフガニスタン北部にあるトルクメニスタンからアフガニスタンを経由して、パキスタンの沿岸部にパイプラインを引く計画を打ち出したことがありますが、こうしたことからもこの地域の重要性がわかります。

もっとも、英国、旧ソ連、米国は、地政学的な見地から介入を決定するのですが、地政学の基礎となっている地理的条件によって思うような活動ができず、結局、撤退せざるを得ない状況に追い込まれています。**ハートランドをこれまで一元的に支配できた国は存在していません。**

ドイツはなぜ日本を差し置いて、ソ連と条約を結んだのか？

地政学的な感覚は、欧州問題を理解する助けにもなります。欧州の国々は、時として日本人がよく理解できない行動を取ることがありますが、その背後には地政学的な思考回路が影響していることが少なくありません。

第二次世界大戦においてナチスドイツは、突如、旧ソ連に侵攻し、独ソ戦となりました。西側でフランスや英国と戦争をしながら、東側でソ連と戦争をするのは非常に危険な行為ですが、ナチスドイツは独ソ戦に踏み切っています。

一方でドイツは、第二次世界大戦が始まる直前の1939年、独ソ不可侵条約を結び、侵攻したポーランドをソ連と分け合う密約も結んでいます。それ以前のドイツは、共産国家であるソ連に対して敵意をはっきりと示していましたから、ドイツのソ連に対するスタンスは二転三転しているように見えます。

当時の日本では三国同盟の締結が検討されていたのですが、当のナチスドイツが、日本の敵であるソ連と中立的な条約を結んでしまったわけです。日本政府は狼狽(ろうばい)し、首相だった平沼騏一郎（ひらぬまきいちろう）氏は「欧州の天地は複雑怪奇」という迷言を残して辞職してしまいます（ちなみに衆議院議員の平沼赳夫（たけお）氏は、騏一郎氏の養子です。騏一郎氏は独身で子どもがいませんでした）。

平沼首相を困惑させてしまったナチスドイツの動きも、地政学を基準に考えればそれほど不思議なことではありません。**ロシアはハートランドの一部を支配地域に持つ典型的なランドパワーの国であり、海への出入り口を確保するため、南下あるいは西への勢力拡大を今も狙っているはずです。**

ロシアと欧州は基本的にそうした利害関係にあり、それは共産主義、王制、民主主義といったイデオロギーや政治体制の違いも超越します。地政学を前提にすれば、ロシアとドイツが真の友好関係を築くことはあり得ず、同盟を結んだとしてもそれは、敵の敵は味方といったレベルのものになるはずです。

ロシアとドイツは、双方の利害が根本的に一致しないことをよく理解していますから、当時の旧ソ連は、ナチスドイツが侵攻してきた時もあまり驚かなかったでしょう。しかし、日本の指導者にとっては、ロシアとドイツにはイデオロギー的対立があり、双方が手を結ぶという展開は考えられなかったようです。

EUは経済問題として考えない方がよい

歴史を知る立場の私たちが、当時の平沼首相の判断力のなさを批判するのは簡単ですが、こうした断絶は、今でも存在していると考えた方が自然です。

欧州では、最近、移民問題など、EU（欧州連合）の根幹を揺るがす事態が頻発しています。日本国内では、EUに対して、違う国が一緒になってもうまくいくわけがないと、一刀両断する見解をよく見かけます。確かにその通りなのですが、欧州人はそんなこともわからずにEUを作っているのでしょうか。決してそうではないはずです。常に異国と国境を接している彼らは、私たち日本人以上に異なる国が1つになることの困難さを理解しています。

それにもかかわらずEUを続けようと各国が執念を燃やし続けているのは、根底に地政学的な世界観が存在しているからです。

日本ではEUやユーロ圏は経済問題として理解されることが多いのですが、彼らがEUを作った理由はもっと政治的なものです。それは**ドイツの封じ込め**です。

二度の大戦という経験から、欧州各国は、ドイツが台頭することを強く警戒しています。特にナチスドイツのように、ロシアとも手を組み、ユーラシア大陸全体に対する野心を持つことになれば、大きな不安定要素となります。

こうした地政学的なリスクは、西ヨーロッパが団結して、ハートランドに対処することでかなり軽減することが可能です。**ドイツ一国の台頭を防ぎ、欧州が1つになっていることは、地政学的に見て非常に重要なこと**なのです。

4　ビットコイン・LINEと地政学

地政学的な考え方を用いて国際情勢を分析する際に重要となってくるのが、テクノロジーに対する理解です。テクノロジーの発達によって地理的条件が変わることがあり、地政学的な解釈もそれに応じて変えていく必要があるからです。

テクノロジーの発達は地政学的条件を変化させる

マッキンダー氏がそもそも地政学を提唱した理由は、**テクノロジーによって地理的な条件が変化することの重要性に気付いたから**です。マッキンダーは、ハートランドにあるランドパワーの国が、鉄道という当時としては最先端のテクノロジーの普及によって、西ヨーロッパへの干渉を強めると考えました。これに対処するための理論が地政学という位置付けです。

これまで説明してきたように、ユーラシア大陸の中心にあるハートランドは、大洋に流れ込む川がないという理由から、周囲の地域とは隔絶された環境にありました。本来であれば、そこで相互交流は閉ざされますから、西ヨーロッパが脅威に感じる必然性は高くありません。

マッキンダー氏が、ハートランドを西ヨーロッパの脅威と捉えたのは、鉄道技術や道路技術の驚異的な発達でした。鉄道網や道路網が急速に整備されることで、ハートランドのエリアから西ヨーロッパへのアクセスが容易になり、これによってパワーバランスが大きく崩れると考えたのです。

地理的な関係は時代が変わっても変化しませんが、地理的な関係が意味するところは、テクノロジーの発達によって変化します。当時は大陸横断鉄道が最先端のテクノロジーでしたから、鉄道網の発達は、地政学的には大きな変化ということになるでしょう。

同じような効果をもたらした出来事にスエズ運河の開通があります。

それまでは、欧州からインド洋、太平洋に向かうためには、喜望峰（きぼうほう）を回らなければなりませんでした。しかしスエズ運河が開通してからは、地中海から紅海を経て一気にインド洋に出ることが可能となったわけです。

この大変革が、シーパワーの筆頭であった英国の覇権を拡大させるきっかけになったのはいうまでもありません。

世界の輸送インフラの中心は2000年以上同じ

近年における革命的な出来事といえば、やはり航空機の発達でしょう。航空機は速度が圧倒的に速いですから、地理的条件が一気に変わりそうなイメージがあります。確かに一部ではそのようなことになりましたが、マッキンダー氏が地政学を提唱した時代とは、それほど変わっていません。その理由は、**コストという大問題があるからです。**

図5-5は1トンの荷物を1000キロ輸送した時のコストを示したものです。輸送コストはどのようなものを運ぶのかによって変わってきますので、あくまで概算になりますが、それでも大まかな傾向はつかめると思います。もっとも安い船舶に比べて航空機は15倍以上のコストがかかります。あまりにもコスト差が大きく、航空機が

図5-5 距離1000キロ、荷重1トンあたりの輸送コスト

航空機　15万円　　トラック（トレーラー）　2万5000円

鉄道　1万2000円　　船（RORO船）　1万円

出所）国土交通省などから筆者算定

地政学的条件を大きく変えるまでには至っていません。

つまり、**大量の物資を安定的、かつ安価に運ぶためには、今も海上交通というインフラに頼る必要があるわけです。**船舶は2000年以上も前から世界の輸送インフラの中心ですが、今でも基本的な図式は変わっていないのです。

したがって、**海上輸送ルートを確保している国が地政学的に有利**という状況も変わっていません。英国の次に世界的な覇権国家となったのは、同じく海洋国家である米国なのですが、これも決して偶然ではないでしょう。

LINEというサービスを地政学的に見ると

ただこうした新しいインフラは、ジワジワと地政学的条件を変化させますから注意が必要なことは確かです。特に最近では、金融と情報のグローバル化が進んでおり、金融システムや情報インフラを握ることの重要性が高まっています。

金融インフラの構築には、人がいれば十分ですから、地理的制約はかなり小さくなります。たとえば、英国はケイマンなど、英国の植民地になっている島を使ってタックスヘイブンと呼ばれる租税回避地を運営しています。**あらゆる税金を免除することで、グレーなものも含めて世界各地からお金を集めようというのがその狙い**です。お金がたくさん集まるところには、情報もたくさん集まりますし、何より、世界における金融取引の主導権を握ることができますから、英国にとって強力な武器となるわけです。

最近ではこうした動きにさらに拍車をかける新しいテクノロジーが発達してきました。それはインターネットと仮想通貨です。

インターネットは米軍が使用するオープンネットワークがその原型となっており、その構造上、米国はネット情報におけるピラミッドの頂上に位置しています。原理的にはネットを行き交う多くの情報を監視できる立場にあり、情報戦においては圧倒的に有利な立場にあります。

同様に、グーグルやフェイスブックなど全世界の人が利用するＩＴサービスのほとんどは米国企業が提供しています。グーグルやフェイスブックといった会社が1社あるだけで、一国の諜報機関を凌駕（りょうが）する情報を収集することが可能となります。

こうした視点からＬＩＮＥというサービスを眺めてみると、日本にとっては微妙な存在ということになるでしょう。

ＬＩＮＥはよく知られているように、日本で展開されているサービスですが、韓国資本によって提供されています（注：ＬＩＮＥは2021年にソフトバンクグループの傘下に入り国内資本の企業となりました。日本の安全保障を考えた時、ソフトバンクグループが果たした功績は計り知れません）。

韓国は市場が小さいため、ＩＴ企業はグローバルに展開し、日本や米国など大きな市場に進出することが当たり前となっています。このため、外国の市場で展開するためのノウハウを多く身につけており、これがLINEの日本進出でも効果を発揮しました（具体的には、外国資本であることを感じさせないサービス設計や、現地の社員をトップに採用する人事戦略などです）。

以前、LINE内のやり取りが、韓国の諜報機関に漏洩しているとの報道があり、LINE側はこれを否定したという出来事がありました。真偽のほどは定かではありませんが、地政学的に見れば、LINEの情報が韓国側に筒抜けになるのは当たり前であり、特に驚くべきことではありません。

自国のサービスをグローバルに展開できない国が情報戦において相対的に不利になってしまうのは、地政学の世界では常識です。

ビットコインは日本にとって強力な兵器となるはずだった

ビットコインに代表される仮想通貨も、極めて地政学的なテクノロジーです。

ビットコインは、インターネット上でやり取りされる仮想通貨で、ここ数年、急激な勢いで世界に普及しています。ビットコインは、東京にあった取引サイト「マウントゴックス」が2014年にハッカーからの攻撃を受けて破綻したことで一躍有名になりました。

日本ではビットコインは危険でいかがわしいものという認識が強く、日本政府は、マウントゴックスの破綻後、通貨でも金融商品でもないとして、いち早くその存在を否定してしまいました。しかし、地政学的なセンスを持つ英国や米国の対応は、日本とはまったく異なっています。

米内国歳入庁（ＩＲＳ）は、ビットコインについて、基本的に株や債券と同様の商品とみなし、譲渡益に課税する方針を明らかにしました。

また、ニューヨーク州の金融サービス局も、ビットコインを仮想通貨として認め、当局の監督下で運営する公認取引所の開設を発表しています。英国も基本的には同じような方向性です。

一連の出来事によって、ビットコインの金融商品的な位置付けは明確になり、ビットコインは事実上、米国政府から公認されたわけですが、これは、米国や英国にとって大きな地政学的メリットをもたらしそうです。

ビットコインは、インターネットを使ったオープンなシステムであることから、極めて低コストで資金を移動することができます。低コストでの資金移動が可能ということになれば、これまで高い送金コストが必要だった個人の海外送金などが一気にビットコインに取って代わる可能性が出てきます。

現在、ドルは基軸通貨ですから、ビットコインとドルをうまくリンクさせることができれば、全世界にドルとビットコインの金融覇権を確立することが可能となります。しかも現金と異なり、ビットコインはすべての取引をネット上で追跡することが可能です。

米国がビットコインのインフラを握るということになれば、米国は、全世界のビットコイン取引の情報を独占的に入手できることになります。これは地政学的に見て、途方もないパワーを米国にもたらすでしょう（注：2022年のロシアによるウクライナ侵攻では、プーチン大統領に近いロシアの財閥がビットコインで資金を国外に逃がしたり、西側による経済制裁を回避する目的で仮想通貨を活用する動きが見られました）。

世界的にビットコインが普及する状況を見て、ようやく日本政府もビットコインを通貨として認める方向で動き始めましたが、タイミングとしてはすでに遅すぎたかもしれません。

ビットコインは、すべてが米国中心に展開してきたインターネットの世界において、例外的に日本での活動が活発な分野でした。

もし日本が世界に先駆けてビットコインを公認していれば、日本は世界でナンバーワンのビットコイン市場となった可能性があります。中国の要人の多くは自国政府を信用しておらず、資産の一部をビットコインにして国外に持ち出しているといわれます。日本がビットコイン市場をコントロールしていれば、こうした情報の入手は簡単であり、対中交渉に利用することができたでしょう。

ビットコインに対する日本人のヒステリックな対応を見ていると、地政学的なセンスのなさを感じざるを得ません。

5　地政学を日米関係、日中関係に応用すると

現代の日本にとって、もっとも重要な国際関係が日米関係であることは、今も昔も変わりません。しかし、最近では米国の政治・経済状況が大きく変化したことや、中国の台頭が著しいことから、日本をめぐる利害関係が複雑化し、将来の見通しが不透明になっています。このような時こそ、地政学的な理解が役に立ちます。

米国の経済・外交戦略は常に地政学的に決定される

日本と米国は日米安全保障条約という強固な軍事同盟を結んでいます。米国がこれほど日本を重視しているのは、日本人のことが好きだからではなく、地政学的に見て、日本が重要な場所に位置しているからです。

ここで筆者が、「日本人のことが好きだからではなく」とわざわざ前置きしたのは、

日本人はとかく感情的に物事を理解しがちだからです。

日本国内には、米国は無条件に日本の味方をしてくれると強く信じる人がいる一方、米国は横暴なだけで日本は常に被害者だとする見解も根強く残っています。

しかし地政学という概念を基本に日米関係を見た場合、そのどちらも誤りということになります。

地政学上、米国は日本と同じ島国で、ユーラシア大陸の周辺に位置する国です。米国としては、ユーラシア大陸が敵対する国に支配されてしまうと、大きな脅威を感じることになります。したがって、米国が採用すべき基本戦略は、ユーラシア大陸において敵対する国が支配的にならないよう工作するか、もしくは、アメリカ大陸に閉じこもり、大陸の影響を受けないようにするかのどちらかです。

戦後の米国は前者の戦略を採用しており、ランドパワーとシーパワーがぶつかるリムランドの領域において、米国の支配権を強めることを念頭に置き、政治、外交、経済の基本方針を立案してきました。

国土の一部がハートランドに含まれ、ランドパワーの典型であるロシアが、西ヨーロッパやアジア太平洋地域に進出しないようにするというのが、戦後の米国の基本戦略であり、米ソ冷戦もその延長線上の出来事でした。

米国は、朝鮮半島という地政学の要衝に位置する日本・韓国と同盟関係を結び、西ヨーロッパにおいてはＮＡＴＯ（北大西洋条約機構）という軍事同盟を締結しました。中東ではサウジアラビアと同盟を結び、一方、非同盟政策を取るインドに対しては、例外的に独自の核開発を黙認するなど、大きな対立を避ける努力を続けてきました。

これらの外交方針は、すべてランドパワーの中心である旧ソ連が、ユーラシア大陸において支配権を確立しないよう、リムランド周辺を押さえることを目的としたものです。結果的に大失敗に終わりましたが、ベトナム戦争を画策したのも、同じ理由からであり、他の場所に比べて比較的手薄だったインドシナ半島を強化することが目的でした。

米国は、基本的人権を重視しており、自らもよく外交手段としてこれを用います。したがって、**基本的人権が無視されている国とは、あまり緊密にならないことが多いのですが、サウジアラビアだけは例外です。**最近はかなり少なくなってきましたが、サウジアラビアは、反体制活動家を処刑したり、不貞で告発された女性を石打ちの刑にするなど、かなり残虐で非人道的な行為を行っています。本来であれば、米国はサウジアラビアに対して北朝鮮のような扱いをしても不思議ではありません。しかし、米国は地政学的な理由からサウジアラビアを重視しており、同国は完全な例外扱いとなっているわけです。

中国はランドパワーからシーパワーになった

一方、中国は共産国家になって以後、旧ソ連陣営に属していましたから、米国にとっては仮想敵国であり、ロシア的なランドパワーの国でした。したがって、米国の対中外交の方針も、旧ソ連と同様だったわけです。

この流れを大きく変えたのが、中ソの対立とニクソン訪中です。中国と旧ソ連は、共産主義の路線をめぐってイデオロギー対立を起こし、とうとう国境紛争に発展してしまいます。ここに目を付けたのが、米国のニクソン大統領でした。ニクソン氏は、大統領補佐官であるキッシンジャー氏（のちに国務長官）を極秘裏に中国に派遣し、電撃的な米中国交回復を実現しました。

これによって中国は仮想敵国ではなくなり、旧ソ連に対する封じ込めは一気に進むことになります。

これまで旧ソ連と中国の南下政策に対して、インドシナ半島をどのように防衛するのか頭を悩ませていたところに、インドシナ半島に決定的な影響力を持つ中国が突然味方に付いたわけですから、まさにオセロをすべてひっくり返した状況といってよいでしょう。結果的にこの外交は絶大な効果を発揮し、旧ソ連は崩壊してしまいました。もちろん米中接近だけが、ソ連崩壊の理由ではありませんが、大きな影響を及ぼしたことは間違いありません。

その後、中国は改革開放路線に転じ、共産主義制度を残しながら、限りなく資本主義に近い体制に移行。めざましい経済発展を遂げています。中国はロシア型のランドパワーの国から、部分的には米国型のシーパワーの国にシフトしたといい換えることができるでしょう。

現在の米国、中国、日本をめぐる状況は、ここが原点になっています。この事実をよく理解しておかないと、現状について正しく認識することはできません。

6　米国は新モンロー主義の時代に入った

米国は旧ソ連を封じ込めるための外交戦略を掲げ、その路線に沿って方向転回した中国はめざましい経済発展を遂げました。その後、両国をとりまく環境はどう変わったのでしょうか。最大の違いは、米国のエネルギー事情が激変したことと、中国に大国としての野心が出てきたことです。

米国はもはや中東の石油に頼る必要がない

米国は２０１４年にサウジアラビアを抜いて世界最大の石油産出国に躍り出ました。米国は世界最大の石油消費国でもありますから、原油だけを見ると産出量よりも消費量が多くなっています。しかし、天然ガスなどを含めたエネルギー全体で見ると、米国は近い将来、すべてのエネルギーを自国で賄（まかな）うことが可能となります。

この事実を地政学的に解釈すると、現在の国際情勢を根本から変化させてしまうような、極めて大きなインパクトをもたらす可能性が見えてくることになります。つまり、米国の外交方針が180度変わるかもしれないのです。

先ほど筆者は、米国が採用する基本戦略は、ユーラシア大陸において敵対する国が支配的にならないよう工作するか、もしくは、アメリカ大陸に閉じこもり、大陸の影響を受けないようにするのかのどちらかであると説明しました（199ページ）。

今のところ米国は前者の戦略を採用しており、そうであればこそ、世界各国に軍隊を派遣しています。沖縄に多数の基地があるのも同じ理由からです。

しかし、世界の警察官のように振る舞うという米国の姿勢は、つい最近始まったことであり、米国の伝統ではないということを理解しておく必要があるでしょう。

米国が覇権国家として振る舞うようになった理由の1つは中東の原油を確保するためですが、エネルギーが自給できるようになったことで、潜在的にはその必要がなくなったのです。今すぐに大きな変化があるわけではありませんが、米国の方針が大転換する可能性について考慮に入れておくべき時代がやってきたのです。

米国はもともと孤立主義の国でした。米国が戦争をしてまで、英国から独立したかったのは、欧州の問題と関わりたくなかったからです。米国の第五代大統領であるモンロー氏は、欧州と米国の相互不干渉を主旨とするモンロー宣言を発し、米国は引きこもり政策を開始しました。

モンロー氏は、あくまで欧州と米国の相互不干渉を謳ったのですが、欧米人にとって世界の中心は欧州ですから、欧州と距離を置くということは、全世界と距離を置くということを意味しています。こうした米国の極端な引きこもり政策は、第二次世界大戦に参戦するまで100年以上続きます。

米国には元来、こうしたクセがありますから、中東の原油に頼らなくてもよくなった今、米国はどんどん内向きになっています。オバマ政権は特にその傾向が強く、市場最大規模の軍縮を行い、中東から米軍を多数撤退させました。また、沖縄からも大量の海兵隊を撤退させており、対外的には戦線を確実に縮小しています。

辺野古の基地問題は、日本では、ややもすると米国の軍拡という文脈で捉えられがちですが、現実は逆です。沖縄から米軍が撤退するにあたり、基地を辺野古に集約するという方が実態に合っています。日本人がその現実を理解せず、辺野古の問題を判断してしまうと、大きな間違いを犯してしまうかもしれません。

中国のことを考える際には、米国からの視点を意識することが重要

一方、中国はめざましい経済発展を遂げたことから、大国としての野心が芽生えています。中国は世界第二位の経済力を持ち、ロシアとは比較にならない大国に成長しました。その結果、**中国はランドパワーよりもシーパワーの色彩が濃い国に変貌しつつあります。**

中国が東シナ海や、南シナ海の海洋覇権について異様なこだわりを見せることにはこうした背景があると考えられます。ここで重要となってくるのが米国と中国の関係です。

米国にとって重要なことは、ユーラシア大陸に敵対的な国家が生まれないようにし、アメリカ大陸への脅威を最小限にすることです。逆にいえば、ユーラシア大陸の状況が米国に対して脅威でない場合、米国はアジア太平洋地域の安全保障に、それほど関心を払わなくてもよいということになります。

旧ソ連陣営に属していた頃の中国は、米国にとって脅威でしたが、現在の中国は必

ずしも米国にとって脅威ではありません。もっとも、中国は大国としての野心が出てきていますから、当然、アジア太平洋地域における海洋覇権について、米国とは対立関係にあります。しかし、ユーラシア大陸の安定が確保されればよいという米国の地政学的な基本戦略を考えれば、中国の態度によっては、米国と協調関係を結べる可能性が十分にあるわけです。

日本にとって最悪のシナリオですが、米国と中国で、アジア太平洋地域の安全保障についてある種の合意が成立すれば、日米安保はその存在意義を失い、日本近辺の安全保障は米国の合意のもと、中国に委ねられてしまう可能性はゼロではありません。

日本では中国に対する反発の感情が強く、米国も日本と同様、中国と激しい対立関係にあると認識しがちです。しかし、現実はもっとドライな関係と思った方がよく、条件次第で対立することもあれば、協調することもあります。**中国に対する日本の強硬姿勢を米国が常に支援してくれると考えるのは少々短絡的でしょう。**

第６章

戦争が起きた時、ビジネスはどうなるか

第6章では戦争とビジネスの関係について解説します。米国や日本の軍需企業の実例や、戦時統制が経済に与える影響、預金封鎖の実態などがわかります。

これまで見てきたように、戦争とお金は切っても切り離すことができない関係ですから、一部の投資家や実業家たちにとっては、戦争は大きく儲けるチャンスにもなっています。戦争には人の命がかかっており、不謹慎な話ではあるのですが、戦争で儲ける人がいるというのも、戦争が持つ非情な側面の1つです。

1　米国の軍需企業はほとんどが専門特化型

欧米の軍需企業は、事業に占める軍事部門の割合が高い

戦争とビジネスといえば、まず頭に浮かぶのが軍需関係の企業です。軍需企業は兵器を売る会社ですから、戦争が始まると業績が顕著に伸びることになります。また戦争にまでは至らないにしても、国家間の緊張が高まり、軍事費が増えると、やはり業績が伸びるという傾向が見られます。

上場している会社であれば、株価も上昇しやすくなるわけですが、緊張が高まっている時期には、一般的な株式は売られることも少なくありません。その意味で軍需銘柄は、ディフェンシブ銘柄（景気変動の影響を受けにくい銘柄）の1つとして捉えられることもあります。

ただ、軍事部門の比率が極めて高い企業の場合、平和な時代が長く続くと、経営が苦しくなるところが出てきます。その意味で、**軍需関係の会社は特殊な存在**ということができるでしょう。

では具体的にどのような軍需企業が存在しているのでしょうか。

図6－1は、米国の主な軍需企業を示したものです。

ロッキード・マーチンは、世界最大の軍需企業で、売上げのほとんどが国防総省向けの兵器販売で占められています。同社の創業は1913年と古く、その後、ジェネラル・ダイナミックスやマーティン・マリエッタを買収して現在の姿となりました。現在、米国の主力戦闘機となっているF－22やF－35など、最新鋭のステルス機の開発・製造を数多く手がけているのも同社です。

次に規模の大きい軍需企業はボーイングです。同社はボーイング747型機やボーイング787型機など、大型旅客機を多数製造しており、民間向けの企業というイメージが強いかもしれません。実際その通りで、同社の売上げのうち、軍事部門が占める割合は3割に過ぎません。しかし、会社全体の売上げとしては軍需企業トップであ

図6-1 米国の主な軍需産業

社名	軍事部門売上高（百万ドル）	軍事部門の割合	全社売上高（百万ドル）	ティッカー
ロッキード・マーチン	37,470	82%	45,600	LMT
ボーイング	28,300	31%	90,762	BA
レイセオン	21,370	94%	22,826	RTN
ノースロップ・グラマン	19,660	82%	23,979	NOC
ユナイテッド・テクノロジーズ	13,020	23%	57,900	UTX
L3コミュニケーションズ	9,810	89%	10,986	LLL

出所）SIPRI、各社決算資料などから筆者作成

るロッキード・マーチンを、はるかに上回っています。

もともとは軍用機メーカーとしてスタートしており、第二次世界大戦中は大型爆撃機を製造していたことでも知られています。太平洋戦争末期、東京大空襲を行ったり、広島・長崎に核兵器を投下したのはB29という、当時としては最も高性能で大型の爆撃機なのですが、この機種を開発・製造したのはボーイングです。最近では沖縄の普天間基地への配備で有名になった新型輸送機オスプレイも手がけています。

このほかに、特徴的な米国の軍需企業としては、レイセオンがあります。

同社はロッキード・マーチンと同様、売上げのほぼすべてが国防総省向けとなっており、ピュア

な軍需企業といってよい存在です。ミサイル関係を得意としており、巡航ミサイルのトマホークや、北朝鮮の弾道ミサイル対策として自衛隊が配備したパトリオット（PAC3）など、世界的に有名な兵器を多数製造しています。

欧米の軍需企業の特徴として、事業に占める軍事部門の割合が高いということがあげられます。ボーイングは例外的な部類に入りますが、他の企業は軍事部門に特化することで専門のノウハウを蓄積できるような体制となっています。企業間の競争が激しく、M&A（合併・買収）が活発であることもこうした状況に拍車をかけています。

ユナイテッド・テクノロジーズも軍事部門の比率が低いのですが、実際には軍事部門の子会社を多数抱える形となっており、各子会社は軍需関係に特化する経営体制です。

株価のパフォーマンスは高いが、上下変動が激しい

では、こうした軍需企業の株価は、戦争の前後でどのような動きをするのでしょう

か。軍需企業としては歴史の長い、ボーイングとロッキード・マーチンの株価の動きを検証してみましょう。

最近の戦争は、基本的に経済に対する影響を最小限にする形で遂行されることがほとんどであり、株価の動きも戦争の動向だけでなく、一般的な景気動向の影響も大きく受けることになります。一方、**本格的な戦争となった場合には、巨額のお金が一気に動いてしまいますから、こうした軍需企業の株価の動きも激しくなります。**

こうした状況も含めて株価の動きを検証するには、規模の大きい戦争だった第二次世界大戦時まで遡ることが重要です。しかし、企業の株価のデータは、20〜30年前までのものは容易に手に入りますが、50年前、70年前のものとなると一気に入手が困難になります。

本書で用いている株価データは、当時の文献も含めて、筆者が独自に収集・分析してきたものです。

図6－2はボーイングとロッキード・マーチンの株価とダウ平均株価の推移を示したものです。両社の株価は左辺、ダウ平均株価は右辺に記載しました。

株価は80年で1万倍以上になっていますから、通常のグラフでは表せません。この

図6-2　米国・軍需企業の長期的な株価推移係

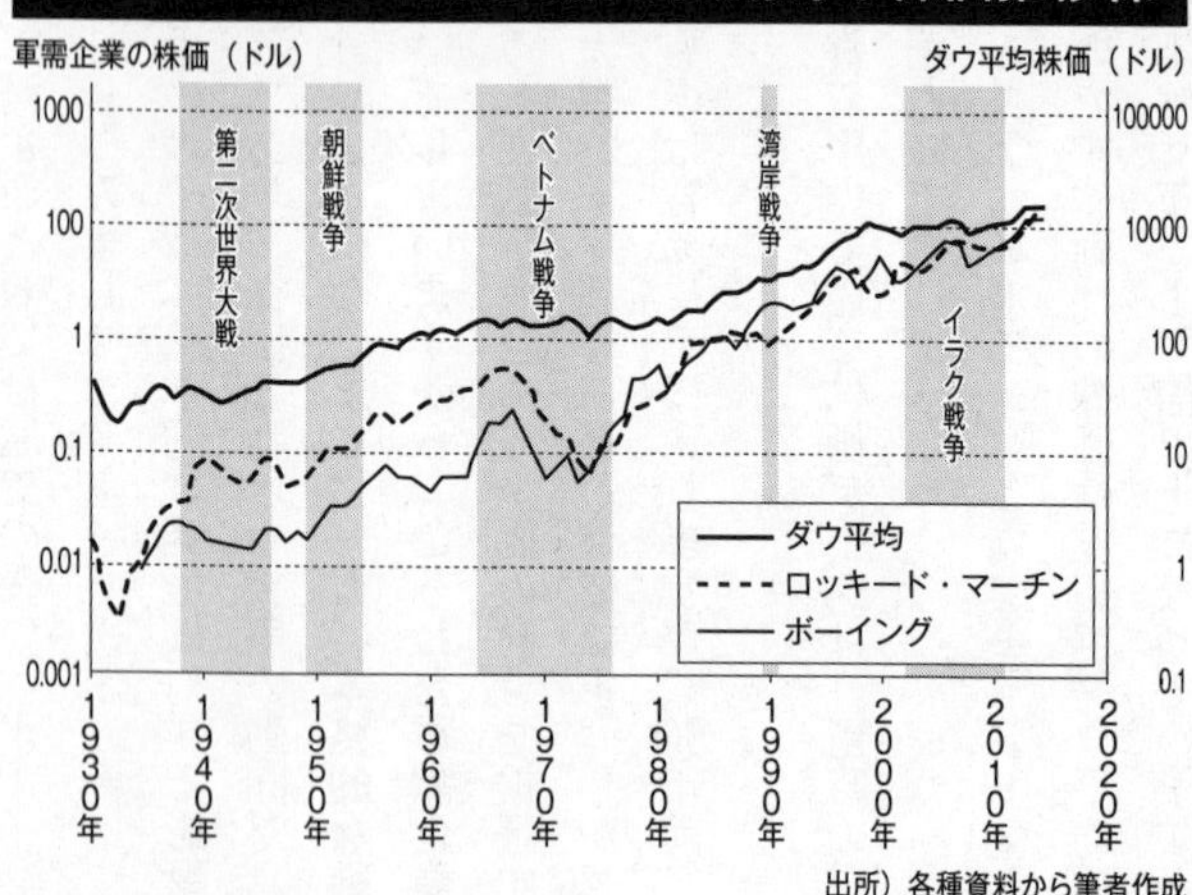

出所）各種資料から筆者作成

チャートの両辺は対数となっていますので、株価をチェックする時には注意が必要です。つまり目盛りが1つ上に上がると株価は10倍になるわけです。

ダウ平均株価と軍需企業の株価の傾きを比べると、軍需企業の方が傾斜が急になっています。つまり80年の長期にわたって、軍需企業の方が、平均株価より高いパフォーマンスを発揮してきたということになります。

ただ両社のチャートは、ダウ平均株価より上下変動が激しいことに注目する必要があるでしょう。戦争のある時とない時で、株価の動きはまったく異なっているわけです。さらに注意が必要なのが、軍需企業の株価が上がるタイミングです。

第二次世界大戦前の１９３０年代、両社はめざましい株価の上昇を見せています。特にロッキード・マーチンの株価上昇は著しく、１９３４年から１９４０年の６年間で株価は17倍に高騰しました。

これは世界恐慌からの回復という側面もありますが、やはり戦争が近いことに対する期待感が大きかったものと思われます。しかし現実に両社に対して戦争特需が発生した１９４０年代に入ると、両社の株価上昇はむしろ鈍化しています。

この傾向は、泥沼化してしまったベトナム戦争ではさらに顕著となります。戦争の開始直後は株価の上昇が見られますが、戦局が悪化してくると、株価は暴落といってよいレベルまで下がってしまいました。特にロッキード・マーチンの下落は激しく、１９６５年から１９７４年の間に、何と13分の１になっています。市場はベトナム戦争の後遺症を強く意識していたことを感じさせます。

ロッキード・マーチンの株価の上下が激しいのは、ボーイングに比べて民間部門の割合が低いことが原因でしょう。こうした**ピュアな軍需企業は、リスクも大きいですが、戦争特需による効果も大きい**ことがよくわかります。

ちなみに軍需企業は、1980年代のレーガン政権による軍拡によって一気に復活し、ダウ平均株価よりはるかに高いパフォーマンスを見せます。レーガン大統領は、軍事費拡大を公約として掲げていましたから、この時期、軍需企業の株式を購入することは、かなり確実な投資だったといえるでしょう。

同じような現象は2001年の9・11テロの後にも観察されます。

9・11テロが発生した時点ではイラク戦争の開戦は決まっていませんでしたが、多くの投資家が、長期にわたる戦争を予測していました。2001年から2007年の間に、両社とも株価は3倍近くに上昇しています。これはほぼ横ばいで推移したダウ平均とは対照的です。

9・11直後、こうした軍需企業に投資して、大きな資産を築いた投資家はたくさん存在します。

2 日本の軍需企業は旧財閥系の総合企業が多い

戦後の日本は建前上、軍備を持たない国でしたが、現実には自衛隊という名の軍隊が存在しており、客観的に見れば、世界でも10本の指に入る軍事大国です。欧米ほどではないですが、日本にも軍需企業と呼ばれる企業があります。

軍需部門の売上げは全体のごくわずか

日本を代表する軍需企業といえば三菱グループでしょう。三菱グループに属する三菱重工と三菱電機は、防衛省の装備調達でも常に上位に入っている企業です。

三菱グループは、土佐藩出身の創業者岩崎弥太郎(いわさきやたろう)氏が、1870年に明治政府のバックアップを受けて事業をスタートさせました。三菱グループにおいて軍需部門の中核をなす三菱重工は、三菱財閥二代目の岩崎弥之助(やのすけ)氏が、政府から長崎造船所の払い下げを受けて設立したものです（当時は三菱造船）。その後、三菱電機が分離独立したり、三菱航空機を合併するなど、事業の再編が行われますが、終戦による財閥解体で同社は一旦、バラバラに分割されてしまいます。現在の三菱重工は１９６４年に再度、統合してでき上がった会社です。

三菱重工はもともと造船所ですから、軍艦の製造を得意としており、イージス艦をはじめとする、海上自衛隊の艦船を多く手がけています。かつては零式艦上戦闘機（いわゆるゼロ戦）を作っていた企業ですから、航空機の製造も得意です。

一方、三菱電機は、電機メーカーですので、指揮システムや誘導装置といった電気系統の装備品を手がけています。

三菱と並んで川崎重工も代表的な軍需企業です。三菱重工と同様、川崎重工も川崎財閥が明治政府から造船所の払い下げを受ける形で事業をスタートさせました。現在では、潜水艦や対潜哨戒機などを製造しています。

このほか、ＮＥＣとＩＨＩも軍需企業としての性格が濃い会社といってよいでしょう。ＮＥＣは旧住友財閥に属する電機メーカーで、通信システムやレーダーを開発・製造しています。

図6-3 日本の主な軍需産業

社名	軍事部門売上高	軍事部門の割合	全社売上高	証券コード
三菱重工	2,600億円	7%	4兆円	7011
川崎重工	1,900億円	13%	1兆5000億円	7012
日本電気（NEC）	1,000億円	4%	2兆9000億円	6701
三菱電機	900億円	2%	4兆3000億円	6503
IHI（石川島播磨重工業）	600億円	4%	1兆5000億円	7013
富士通	500億円	1%	4兆8000億円	6702

出所）防衛省、各社決算資料などから筆者作成

ＩＨＩは、旧社名が石川島播磨重工業なのですが、その名の通り、東京の石川島（現在の中央区佃（つくだ））が創業の場所です。三菱グループなど他の軍需企業より歴史が古く、当初は江戸幕府から船の製造を請け負う会社でした。明治維新後は、明治政府から装備品の発注を受けるようになり、やがて民間部門が拡大して現在に至っています。ちなみに同社の自動車部門が独立し、再編を経てでき上がったのがいすゞ自動車です。

日本の軍需企業に特徴的な傾向として、圧倒的に民間部門の売上高が大きいことと、専門企業ではなく旧財閥系の総合企業になっているという点があります。

たとえば三菱重工の２０１５年３月期の売上高は約４兆円ですが、軍用品の売上高はわずか２６

00億円で全体の10分の1もありません。川崎重工の売上高は約1兆5000億円ですが、軍用品の売上高は約1900億円となっています。三菱より多少比率は高いですが、それでも全体の13％に過ぎません。

これはどの会社も似たり寄ったりで、会社全体として見ると、軍用品の売上高はほとんど取るに足らないレベルです。日本には本当の意味で軍需専門の巨大企業は存在しないと考えてよいでしょう。このような形態になっている背景には、財閥系企業を中心とする日本独特の産業構造が深く関係しています。

アジアの途上国など、資本市場が十分に発達していない地域では、専門企業が多数競争するのではなく、特定の財閥があらゆる業種の企業をカバーするという産業形態がよく見られます。欧米もかつてはそうでしたが、経済が発達し、資本市場が整備されるにしたがって、各企業は専門分野に特化する形で分離していきました。**それぞれが得意分野に特化した方が経営効率がよいからです。**

日本は財閥解体によって、多少はその傾向が是正されましたが、どちらかというと、途上国型の産業構造となっており、旧財閥系企業の影響力が強いというのが現実です。この結果、財閥系の大手企業があらゆる事業をカバーしてしまうため、相対的に軍事関係の事業の規模が小さくなってしまいます。

このため、これらの軍需企業の経営は、日本の防衛費の推移や地政学的動向よりも、一般的な経済動向からの影響を受けやすく、通常の民間企業とあまり変わりません。その意味では、**日本と米国では、軍需企業に対する見方はまったく異なる**と考えた方がよいでしょう。

株価の動きは基本的に民間と同じ

したがって、現在の日本の軍需企業の株価は基本的に民間企業と同じになる傾向が強く、軍需企業特有の動きは見られません。

戦前、三菱重工はかなりピュアな軍需企業といってよい存在でしたが、上場はかなり後になってからですので、日露戦争まで遡って傾向を追うことはできません。明治期から大正期にかけては、むしろ海運会社などが戦争銘柄として注目を集めていました。

ここでは、複数の軍需企業の株価の平均値の株価指数に対する乖離(かいり)について取り上げてみたいと思います。

対象となる銘柄は、明治から大正にかけては、日本郵船、南満州鉄道（満鉄）、北海道炭礦汽船の3社です。戦前の昭和期については、川崎重工と日本製鋼所、戦後については三菱重工をこれに加えました。

ちなみに日本製鋼所は、英国企業と北海道炭礦汽船の合弁でき上がった大砲メーカーで、英国と日本が敵対したことから、最終的には国内資本となりました。当時は高性能の大砲を製造できる数少ない企業であり、典型的な軍需銘柄でした。今でも大砲の製造は行っていますが、現在の主力事業は、原子炉の圧力容器などです。

日本は今のところ、原子力の利用は平和目的に限定していますので、同社は軍需産業とは見なされていません。しかし、核技術は地政学的には完全に軍事技術と認識されていることを考えると、同社も準軍需銘柄と考えて差し支えありません。

米国と同様、日本でも、軍需企業の株価は、戦争が発生すると株価指数を上回る上昇を見せています。しかし、株式市場が未成熟だった日清・日露戦争時代を除くと、軍需銘柄の上昇率だけが著しく高いというわけではありません。

朝鮮戦争特需の際にも、株価は上昇していますが、軍需銘柄以外についても、波及

図 6-4　日本の軍需企業の株価指数との乖離

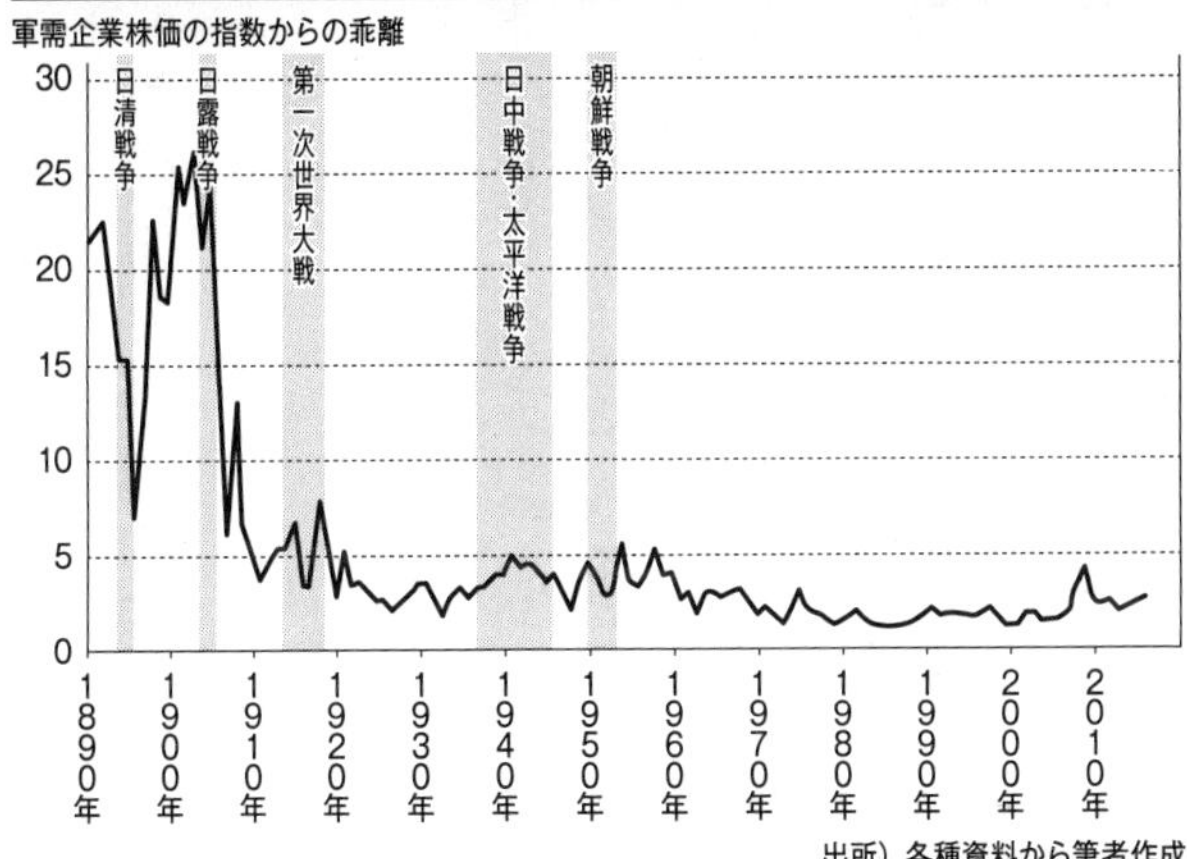

出所）各種資料から筆者作成

効果がありました。第一次世界大戦の特需も同様です。

やはり日本の場合には、戦争と軍需企業の関連性は低く、あくまで戦争による経済全般の動きが株価に反映しているとみた方がよいでしょう。

3 戦時統制経済の実態

こうした軍需企業のビジネスは、戦争の規模が大きくなりすぎると、市場に歪みをもたらすようになってきます。経済体力を超えて実施された太平洋戦争では、軍需企業の事業を優先させるため、いわゆる**戦時統制経済**が導入されました。

統制経済を導入すると、**軍需に関係する特定の企業だけに利益が集中する結果となり、経済全体の構造を歪ませてしまいます**。こうした歪みは後になって大きな副作用をもたらすことになります。

日本の伝統と思われているものの多くが、実は戦争の遺物

1937年に日中戦争が勃発したことで、日本政府は経済統制を急ピッチで進めていくことになります。最初に行われたのは輸入統制でした。

同年9月に「輸出入品等臨時措置法」が施行され、装飾品や食料など270近くの品目が輸入禁止もしくは輸入制限となりました。戦争が本格化すれば、一般的な商品の輸入に加えて、軍事物資が大量に輸入されることになり、貿易赤字が一気に拡大してしまいます。**輸入を行うには、まとまったお金が必要となりますが、当時の脆弱な日本経済の状況では、一般的な商品の輸入を制限しないと、資金が持たなかったのです。**

また金融面での統制も行われ、会社の設立に政府の許可が必要となり、金融機関の融資も自由に実施できなくなりました。軍需関係の事業を優先するため、重要度が低いとされた業種（百貨店など）への資金供給が制限されています。

翌38年には、「国家総動員法」が成立し、経済統制はさらに強化されました。国家総動員体制では、企業の配当制限など株主の権利が大幅に制限されました。

こうした措置を実施すると、企業の利益が投資家に還元されなくなるため、株価が暴落する危険性が出てきます。戦争期間中、政府による株の買い支え機関が相次いで登場したのは、総動員体制の導入によって株価が暴落することを防ぐためです。

日本では、企業は株主のモノではなく、従業員のモノという風潮が強く、多くの人は、これは日本社会の伝統だと思っています。しかし、こうした考え方は、国家総動員体制によって強制的に作られたものであり、実は日本の伝統ではありません。総動員体制が発動される前までは、商法にも明確に記載されている通り、**企業は株主のものであり、日本も米国型の資本主義社会でした。**

同様に、総動員体制によって年功序列の賃金体系や終身雇用、下請け元請け制度などの導入が進みました。**インフレが進む可能性が高くなってきたため、給料を政府がコントロールしないと国民が生活できなくなってしまうから**です。

また労使が協調するための産業報国会が結成され、既存の労働組合は解体させられました。日本は業種ではなく会社ごとに労働組合があるという珍しい形態となっており、これが中小企業の待遇が劣悪であることの原因の1つになっているのですが、この形態も実は国家総動員体制によって強制的に作られたものです。

こうした措置と同時に物価統制が行われ、主要な物品は配給制となりました。これによって自由な服装はできなくなり、多くの人が国民服と呼ばれる質素な服を着ることになりました。一連の強制措置を円滑に実施するため、地域に作られたのが、隣組という制度です(ちなみに現在の町内会のルーツは隣組です)。

このようにして見ると、**今の日本では当たり前と思われている様々な制度や慣習の多くが、実は戦時中の統制経済によって生まれていた**ことがわかります。総力戦を遂行するという、極めて特殊な状況での慣習が今も続いているのだとすると、やはり何らかの見直しが必要と思われます。

当初、一連の経済統制はそれなりに効果を発揮しましたが、物資の不足が進むと、一部の政策は機能しなくなってきました。太平洋戦争の開戦を機に、政府はさらに強固な経済統制を進めていくことになります。

軍需企業には先にお金が支払われた

日本の産業界にとってもっとも影響が大きかったのは、やはり1943年に導入された軍需会社法でしょう。

これは、政府が軍需会社として指定した会社は、直接政府の統制を受けるというもので、実質的に企業は官庁の下部組織となりました。終戦までに600以上の会社が軍需指定を受けましたが、これは主要産業のほとんどを占める数値です。軍需企業の指定を受けないと、資金や物資の入手が困難となりますから、多くの企業が軍需企業の指定に殺到したそうです。こうした企業には、優先的に資金が割り当てられ、さらには、前渡し金などの制度が適用されました。

前渡し金とは、あらかじめ政府が発注する金額の4分の3までを、発注前に企業に支払ってしまうというもので、これによって企業は、資金繰りなどを気にせず、事業を実施できるようになりました。

戦争が激化し、軍需物資の確保が困難になるにつれて、こうした措置は拡大していきましたが、その様子は企業の財務諸表にも表れています。

典型的な軍需企業であった三菱重工は、日中戦争が始まると急激に業容を拡大していきます。1936年に1億2000万円だった売上高は、終戦となった1945年にはインフレの影響もあり、約21億円に膨れ上がっていました。約9年間で約18倍の増加です。

しかし、売上高以上に膨張したのが同社のバランスシートです。図6-5は、同社の売上高と総資産の推移を示したグラフです。

1936年に約1億7000万円だった同社の総資産は、終戦時には約46億円と、

図 6-5　三菱重工の売上高と総資産の推移

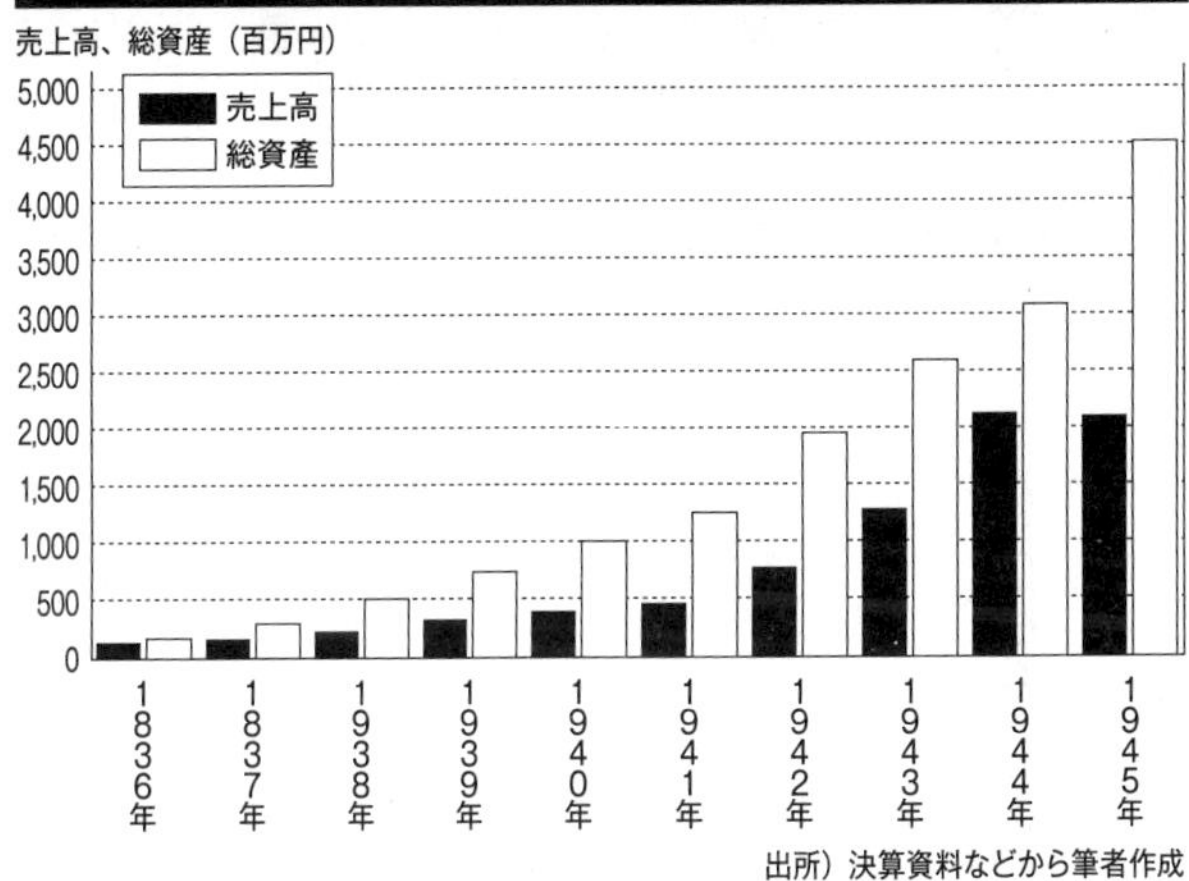

出所）決算資料などから筆者作成

27倍に拡大していました。

こうした製造業は売上高と資産総額にはあまり大差がないことが多いのですが、終戦時には資産総額が売上高の2倍にまで膨れ上がっていたわけです。

軍需指定による、政府からの前渡し金が際限なく膨張したことがその原因です。

政府からの前渡し金は、会計上は前受金となり、バランスシートでは流動負債に計上されることになります。三菱重工の資産膨張のほとんどは、この前渡し金によるもので、最終的には**いくらお金をもらっても、物資が不足し**

ていることから、実際に納品することができないという状態に陥っています。

1944年から1945年にかけては資産が1・5倍に拡大していますが、売上高は逆に減少しました。政府や軍から兵器などを製造するよう強く要請されても、現実には製造することができなかったことを示しています。

戦争末期から激しくなった空襲などで、国内企業の設備は大きな損害を被るようになっていました。海運会社などでは、軍に提供した船舶が撃沈されるといった状況になってきたわけです。しかし、企業がこうした損失について情報公開すると、国民の戦意が喪失するとして、政府は公開しないよう企業に命じていました。このため、一連の損失は戦争中には開示されていません。

終戦後はこうした損失が一気に表面化し、各企業は、損失処理に明け暮れることになります。日本企業の多くが処理を終えるまでには数年の期間が必要でした。

情報オープンにできた米国と、隠蔽するしかなかった日本の違い

一方、米国は通常通り株式市場を運営し、日本側は米国の株価の動きから、米側の

作戦を予想できるほどでした（特定の軍需品の発注があるとその会社の株価が上昇するため、作戦の中身をある程度推測することができます）。

たとえば米国最大の自動車メーカーであるゼネラルモーターズ（GM）の株価は、1943年頃から、上昇が顕著になっています。

米軍は1944年に史上最大の作戦と呼ばれるノルマンディ上陸作戦を行い、この作戦だけで5万台の車両を投入しました。上陸後は、ナチスに占領されていたフランスを経由してドイツに進軍しますから、さらに大量の車両が必要となります。

GMは民間用の生産を一時制限し、工場をフル稼働させて軍用車両の製造を行いました。GMの株価をチェックしていれば、米国が欧州への大規模な上陸作戦を準備していることがある程度推測できたはずです。

また、太平洋戦争の直前、1940年にはアルミニウム大手アルコアの株価が急騰しています。戦闘機や大型爆撃機など航空機の製造を強化したことが推察されます。実際、日本を爆撃したB29もこの時期に大量生産されました。

米国は、クリミア戦争当時の英国と同様、**自国に多少不利であっても、健全な株式市場の運営を優先しました。**

戦争中、株式市場を統制下に置き、必死になって情報を隠蔽していた日本と、日本に情報が漏れることがわかっていても、日常的な取引を継続していた米国とでは、力の差は歴然としていました。

このような経済統制システムは、産業を弱体化させ、インフレを加速する原因となりましたが、一方、軍需ビジネスに関わる一部の人にとっては、千載一遇のチャンスだったようです。

4　戦時統制経済をチャンスに変えた人

公務員に賄賂を送り、有利な取引をした小佐野氏

国際興業グループの創業者で帝国ホテルの会長を長年勤めた実業家の小佐野賢治(おさのけんじ)氏も、こうした戦争ビジネスで荒稼ぎした一人です。

小佐野氏は、小さな自動車部品商社を設立しましたが、自動車部品が軍需物資に指定されたことで、彼の事業は大きく変貌します。

現在の経済産業省は当時、軍需省という名称で、軍需物資の調達も業務の1つとな

っていました。軍需省から発注を受け、軍が必要とする自動車部品を全国から買い付けるのが小佐野氏の仕事です。先ほど解説したように、前渡し金制度で先にキャッシュがもらえますから、資金繰りを気にする必要はありません。

日本経済はモノ不足と資金不足が深刻となっており、大量のキャッシュを持つ小佐野氏はかなり有利な取引ができたようです。しかも、こうした取引で得た資金の一部を賄賂として公務員に送り、売上げの水増しをしていたという話もありますし、中には小佐野氏からの賄賂で都内に一軒家を建てた公務員もいたそうです。本来であればこうした行為は問題視された可能性が高いですが、物資調達を最優先しなければならないという風潮から黙認されていた可能性が高いでしょう。

同じような話は別の業界でもありました。

当時、マスメディアは言論統制の対象となり、国策に沿わないメディアに対しては紙の配給を停止するなどの制裁措置がありました。建前上の歴史では、言論弾圧を進める軍部と言論の自由を求めるマスメディアの争いという図式になりますが、現実の姿はだいぶ違っていたようです。

紙の配給を優先して受けたいマスメディアは、軍の将校を連日連夜、女性のいる店に接待し、便宜を図ってもらっていました。戦地では多数の兵士が飢えに苦しむ中、相当な数の将校が、こうした接待を楽しんでいたのです。独占的に決定権を握る組織が存在すると、人は必ず腐敗します。それはいつの時代も同じことです。

話は少しそれましたが、戦争当時、小佐野氏はまだ20代の若者でした。しかし、戦争期間中を通じて、現在の価値で50億円以上の資産を作ったともいわれていますから、戦争特需による荒稼ぎは、想像を超える水準だったようです。

山本七平氏が見たフィリピンでの光景

こうした現象は、戦争に巻き込まれるあらゆる地域で観察されます。

評論家の山本七平(やまもとしちへい)氏は、太平洋戦争当時、南方に従軍し、九死に一生を得て日本に帰還していますが、日本の占領下にあったフィリピンにおける興味深い体験を著書に記しています。

山本氏は、一兵卒として徴兵されましたが、戦地で見習い士官に昇格していました。このため、フィリピンの高原地帯で開催される師団編成会議への出席を命じられ、会場となっていた、日本軍が現地で接収したリゾートホテルに向かいます。

山本氏は見習い士官とはいえ、フィリピンのジャングルを兵士と共に連日行軍を続けており、飢えに苦しみ、軍服もボロボロの状態でした。そのような状態で、突如、高級リゾートホテルに行ったわけですから、あまりにも場違いな雰囲気にとまどってしまったそうです。

そこで目にしたのは、さらに驚くべき光景でした。

「日本の軍人は立ち入り禁止」と書かれた、バーやダンスホールの入り口の奥には、身なりのよい資本家や実業家らしきフィリピン人や中国人たちが、楽しそうにダンスやお酒に興じていたそうです。しかも、こうした華やかな世界にあこがれる日本人の将校が、毎晩のように、隠れてダンスホールに出入りしているのを何度も目撃したそうです。

ちなみに、このホテルで提供されていたアイスクリームの値段は、今の日本円の価値で1万円以上だったそうですから、一介の公務員にすぎない将校の給料でこうしたところに出入りできるわけがありません。おそらく、こうした資本家たちに何らかの便宜を図り、その見返りに利益供与を受けていたのでしょう。

戦争にはどうしても物資が必要であり、日本軍が進出したアジア地域では、物資を獲得するため、現地の実業家たちの力を借りる必要がありました。物資獲得が最優先ですから、特定の人たちに莫大な利益が転がり込んでしまうことは黙認されたものと思われます。

戦争に行っているにもかかわらず、こうした堕落した行為に走ってしまう軍人を今の目線で批判することはたやすいことです。しかし、**そもそも無理のあるプロジェクトに人を放り込んでしまうと、人は冷静に行動できない**ということを、この話は物語っています。

統制経済は形を変えて現在も続いている

戦時中の経済統制の影響は、戦後70年以上たった今でも残っています。

本来、時限的な措置であった年功序列の制度や終身雇用制度が今でも維持され、その結果、若年層と中高年層の年収格差は、是認できない水準に達しています。また、終身雇用の正社員を維持するためのしわ寄せは、すべて下請け会社や非正規社員に及ぶという構造も、基本的にはここから来ています。

また、雇用環境だけでなく、産業界の構造そのものが、戦時中の体制からほとんど変わっていない業界もあります。特に新聞・テレビ局と広告代理店の寡占的な事業形態は戦争が作り出したものといっても過言ではありません。

１９４１年、政府は報道統制を実施するため、国家総動員法に基づく新聞事業令を施行しました。これによって、全国に１００以上あった日刊紙は55に統廃合されました。

東京では最終的に、「朝日新聞」「毎日新聞」「読売報知」「東京」「日本産業経済」の五紙体制となりました。日本産業経済は、現在の日本経済新聞のことですから、現在の新聞社の寡占体制は、国家総動員体制によって人為的に生み出されたものです。また全国紙と地方紙が明確に峻別されたのも、この時の統廃合がきっかけでした。

また新聞社にニュースを配信する役割を果たしていた通信社も、国策通信社である同盟通信に一本化されました。同盟通信の広告代理店部門が戦後、独立したのが現在の電通ということになります。

こうした総動員体制は戦後も持続し、現在のようなマスメディアの寡占体制を形作っています。

5　預金封鎖と財産税の実態

無理な戦争の遂行は、最終的にはインフレという形で、その国の経済を直撃することになります。太平洋戦争も例外ではなく、終戦後、日本は準ハイパーインフレともいうべき状況に陥っています。

このインフレを収束させるために発動されたのが、**預金封鎖と財産税の課税**です。これによって、多くの国民が資産を失いました。**預金封鎖と財産税の課税は、戦争の敗北が、最終的に何をもたらすのかを示してくれています。**

国民の預金を強制徴収して財源化

第2章でも解説したように、太平洋戦争は、当時の日本経済の体力を無視した戦争でした。太平洋戦争（日中戦争を含む）に費やした戦費は、累計で国家予算の280

倍という途方もないものです。戦費のほとんどは、日銀による国債の直接引き受けで調達されました。つまり、国民からの借金です。

終戦当時の政府債務は、GDPの2倍を超えており、現在とほぼ同じ水準です。当時の日本経済は今と比べれば非常に貧弱ですので、この政府債務の水準は完全に体力オーバーでした。

戦争中は政府による価格統制が行われていましたから、インフレはそれほど顕在化していません。しかし、戦争が終わると隠れていたインフレが一気に爆発することになり、東京の小売物価は、最終的には180倍まで上昇しています。

爆発するインフレを何とかしなければ、経済は大混乱となり、戦後復興もままなりません。**インフレを沈静化させ、政府の債務を返済するために、目を付けたのが、国民が持つ預金でした。**インフレによって債務の価値は激減していますから、預金を政府が強制的に徴収し返済に充てることで、何とか帳尻を合わせることができるという算段です。

このような非常措置に対しては異論もありましたが、東京大学教授の大内兵衛氏による「蛮勇をふるえ」というラジオ演説の影響などもあり、資産凍結もやむなしという雰囲気になっていきます。預金封鎖は1946年2月に突然、実施されました。

金融緊急措置令によって、銀行の預金は生活に必要な最小限の金額を超えて引き出すことができなくなりました。また、日本銀行券預入令を施行し、銀行に預けない貨幣を無効としました。つまり、すべてのお金を銀行に預金させてしまうわけです。政府はその9カ月後、財産税法を施行し、封鎖された預金に対して財産税を徴収しました。預金が少ない人は25％程度でしたが、**高額の預金を保有している人は、最高で90％にも達する税金が課せられました。**

この措置によって、多額の預金を持っていた富裕層はほとんどの資産を失ってしまいます。日本では昔から続くお金持ちの家がほとんど存在しないのはそのためです。**国民の預金から強制的に税金を徴収することで、政府は膨大な借金を返済し、財政を何とか立て直すことに成功したの**です。

現在の憲法では、財産権が保証されており、原理的に財産税の課税はできないとされています。当時は、まだ明治憲法が効力を持っていましたから、新憲法の制約に関係なくこうした措置が実施できたという点で現在とは異なります。

しかし、**預金封鎖については国会の議決を必要としない政令で実施されており、政**

府がその気になれば、今でもこうした措置を実施することは不可能ではありません。最近でもキプロスのように、財政破たんの穴埋めに、同様の措置を実施した国もあります。いくら憲法によって財産権が保証されているとはいえ、こうした事態が絶対にあり得ないとは断言できないでしょう。

預金封鎖には抜け道があった

先ほど、筆者は国民の多くが資産を失ったと書きましたが、それは必ずしも正しくありません。預金封鎖には実は抜け穴があり、めざとい人は、資産の保全などを行っていたばかりでなく、そこで大きな資産を築いていました。

預金封鎖の実施後は、一定金額以上の引き出しができなかったわけですが、唯一の例外が株式の購入でした。**株を購入する場合だけ、封鎖預金からお金を引き出すことができたのです。**これは、株式の処理がスムーズに進まないと、企業の損失処理や再編がうまくいかないことを危惧した結果と考えられますが、一部の人にとってはまさに千載一遇の投資チャンスとなりました。

当時、主要都市は空襲で焼け野原になっており、日々の食料の確保にも事欠く状況でした。とにかく食料を確保するために株式を売却する投資家は多く、急速にインフレが進んでいるにもかかわらず、企業の株価は極めて安い価格で放置されていたのです。

その後、インフレが収束しそうな状況となると、株価はインフレに合わせるように、急激に上昇していきました。こうした状況を予想した一部の投資家は、その前に大量に株式を購入し、その後の株価上昇で莫大な財産を築いています。

野村證券の元会長で証券業界のドンともいわれた田淵節也(たぶちせつや)氏（証券不祥事で引責辞任したことでも有名）は、終戦直後、豊富な資金を持つ寺院などが大量に株取引を行い、相当な運用益を上げていたと証言しています。当時、田淵氏は新人のセールスマンで、こうした富裕層に対して預金封鎖の抜け道を使った株取引を提案していたわけです。

不動産もインフレによってかなりの価格上昇となりましたから、不動産投資によって巨万の富を築いた人も大勢います。

本章で取り上げた小佐野賢治氏も、戦争ビジネスで大儲けしましたが、その資金の大半を不動産につぎ込み、インフレによる土地価格の高騰で、大資本家の仲間入りを果たしています。

終戦直後、皆が生活資金の確保に追われる中、小佐野氏は、いろいろと面倒を見てくれていた同郷の実業家で代議士でもあった田辺七六(たなべしちろく)氏(阪急グループ創業者である小林一三(こばやしいちぞう)氏の異母弟)から、重要なアドバイスを受け、忠実にそれを実行しています。

> 小佐野君。これからの時代は現金を持っていても何にもならない。いいか。これからは土地と株と宝石を買え。土地は戦争で焼けても残る。地価は必ず上昇する。株はインフレで上昇する。(中略)これらは大きな資産となるからな。
>
> 大下英治『政商　昭和闇の支配者』(大和書房)

小佐野氏は、田辺氏のアドバイスに忠実に従い、東急グループ総帥の五島慶太(ごとうけいた)氏から、箱根の不動産を買い取ります。その不動産は、後に小佐野氏の資産家としての象徴にもなった、有名な強羅（ごうら）ホテルです。

インフレによって不動産が高騰することは、五島氏も熟知していました。しかし、五島氏は、当時、組合のストライキ対策で、多額の現金を必要としていたのです。そこに手を上げたのが小佐野氏ということなのですが、後に五島氏は小佐野氏に現在の国際興業の原型となるバス会社も譲っています。

おそらく、五島氏は小佐野氏をかわいがっており、どうせ資産を手放すなら、気に入った若手の実業家に、と考えたものと思われます。

五島氏は、「強盗慶太」との異名を持つかなり強引な天才実業家でした。小佐野氏も、田中角栄（たなかかくえい）元首相の盟友として、ロッキード事件で起訴された人物ですから、金銭欲をとことんまで追求するタイプです。このあたりで両者はウマが合ったのかもしれません。

国家破たんとインフレは、資産家にとって大ピンチですが、これを切り抜ける知恵のある人にとっては、大きなチャンスでもあったわけです。

第７章

これからの戦争の勝敗は ＩＴで決まる

第7章では、これからの戦争について展望をまとめました。世界は今、大きな転換点に差し掛かっています。

これから起こる変化は、過去100年間に起こった変化よりも激しいものになるかもしれません。戦争の枠組みやそれに伴うビジネスや投資も大きく変わっていくことになります。

しかし、昔とは異なり、変化は水面下で進んでいくことになるでしょう。そのカギを握るのはIT（情報技術）です。

ITと戦争が密接に結び付くことで、戦争と日常の境界線が曖昧になりつつある現状について解説します。

1　ＩＴは戦争の現場に深く浸透している

オバマ政権で無人機攻撃は激増した

オバマ大統領は、米国史上、最大級の軍縮を行い、中東に配備する米軍の規模を縮小させました。その点において、オバマ氏は平和志向の大統領といわれています。

しかし、オバマ政権が単純に平和志向なのかというと、必ずしもそうとはいい切れません。**オバマ政権の誕生以降、ドローン（無人機）による攻撃が急激な勢いで増えているから**です。ブッシュ政権時代には40回程度といわれていた無人機による攻撃は、オバマ政権になると４００回を超えるようになりました。

現在のＣＩＡ（中央情報局）長官であるブレナン氏は、ＣＩＡにおいて、無人機によるオペレーションを積極的に進めてきた人物です。

無人機は低コストで製造することができ、何より兵士を命の危険にさらす必要がありません。先進国にとって、兵士が死亡することは政治的に極めて重大なことですから、**兵士の安全が確保されるだけでも無人機を用いるメリットがあります。**

しかも無人機はその特性上、作戦があまり外部に漏れません。400回という数字はマスメディアの調査報道で明らかになったものであり、実際には公開されない形でさらに多くの無人機によるオペレーションが実施されているでしょう。

無人機によるオペレーションは、空母という戦略的な兵器にも広がっています。米軍は2013年の段階で、すでに無人機を空母から発艦させる実験に成功しています。実験では、バージニア沖に展開した原子力空母ジョージ・ブッシュからカタパルトを使って発艦し、65分間飛行した後、海軍航空基地に帰還しました。

無人機の空母における運用は、通常のオペレーションとは異なり、狭い飛行甲板で発着艦するという技術的なカベが存在していました。空母を使った実験に成功したことで、実戦配備にかなり近づいたことになります。

無人機の飛行性能は有人のものよりも劣っているそうですが、**航続距離の長さや、乗員の育成コストフリーなど、経済的メリットが極めて大きい**といわれています。米海軍では最終的にすべての空母に無人機を搭載することを検討しています。

第二次世界大戦後、世界は大規模な戦争をあまり行わなくなりました。民主主義が発達したことで、以前の社会に比べて人命が重視されるようになったことが大きく影響していますが、原因はそれだけではありません。

テクノロジーと戦争、あるいは経済力と戦争の関係がより密接になり、実際に戦う前から実質的な勝敗が決まってしまうという現実が、戦争を少なくする原因の1つになっています。

テクノロジーの進歩によって戦争はさらに見えにくくなっており、戦わずして勝ち負けが決まる傾向は、今後さらに顕著になってくるでしょう。

ITの根幹となるのは階層化とモジュール化

こうした変化の背景となっているIT（情報技術）の根幹をなすのは、ソフトウェアによる抽象化やモジュール化、そしてインターネットに代表されるネットワーク化といった諸概念でしょう。こうした新しい概念の登場が、兵器に対する考え方や、戦争そのものに対する価値観に変化をもたらしつつあります。

現在のソフトウェアは、それぞれの役割ごとにモジュール単位で設計・開発されています。たとえば多くの人が手にしているスマホは、すべてが1つのソフトウェアとして開発されているわけではありません。

インターネットとの接続などを担当する基本ソフト（アンドロイドなど）と個別のアプリは別々に作られており、アンドロイド側は個別のソフトの中身を知りませんし、アプリ側もアンドロイドの中身を知りません。

またアンドロイドの内部も、役割ごとに細かいモジュールがたくさん組み込まれており、それぞれが個別に動作しているのです。

なぜこのような構造になったのかというと、ソフトウェアの規模が大きくなると、1つの製品として開発していては効率が悪くなってしまうからです。それぞれが得意分野に特化し、お互いの中身を知らない方が、かえって効率よく開発できたり、動作させたりすることが可能となります。これを**抽象化**、**モジュール化**と呼びます。

ITの世界は、あらゆる分野において、抽象化、モジュール化が行われており、役割分担が徹底しています。このため、**自由自在にシステムを拡張することができます**

し、1つのモジュールを複製して他に転用することで、極めて安価に別のシステムを構築することも可能となります。

誰も集中して仕組みを管理していませんから、この状態を不安に感じる人もいます。しかし現実には、無理して中央集権的に開発や制御を行うよりも、この方式を用いた方が、大規模なシステムの動作はうまくいくのです。

ITに特有のこうした新しい概念は、信頼性が第一であった軍事技術の分野にも着実に浸透しています。そうして完成した代表的な兵器が無人機というわけです。

柔軟性の高い構造は、インターネットに代表される通信網が整備されることでさらに加速していきました。最近では、兵器システムの構築という純粋に技術的な側面のみならず、部隊の編成やオペレーションのあり方など、組織の運用についても、状況に合わせて柔軟に体制を変えるという方向に変わりつつあります。

ITを使った情報収集や分析手法を駆使することで、中央集権的なオペレーションよりも、現場判断を重視したオペレーションの方が戦果を上げやすくなっているのです。こうした変化は、人工知能の技術が発達することで、ますます加速していくことになるでしょう。

2　3Dプリンタが戦争の光景を変える

ＩＴ化がもたらすもう1つの影響は、戦争における兵站（ロジスティクス）の変化です。戦争は補給や整備、衛生といった兵站業務があってはじめて成立しますが、ＩＴ化によってこの概念が大きく変わろうとしています。カギになるのは、３Ｄプリンタです。

戦車は立派な道路がないと運用できない

３Ｄプリンタとは、コンピュータ上でやり取りされる三次元設計データを元に、プラスチックや金属などで立体を製造するための装置です。最近は低価格のものが普及してきており、自分のフィギュアをプラスチックで作ったり、自分だけの小物を作るサービスを目にしたことがあるかもしれません。

こうしたプリンタは安価で小型のものですが、本格的な工業用3Dプリンタを用意すれば、もっと大きな金属部品なども自由自在に作り出すことが可能です。工業用3Dプリンタを何台か並べれば、ちょっとした工場並みの生産力を確保することもできるでしょう。

そうなってくると、理論的には各兵器のパーツを、3Dプリンタを使って現場で生産することができるはずです。これが実現すると、従来の戦争の概念が大きく変わる可能性があるのです。

たとえば戦車や装甲車といった前線に投入される兵器について考えてみましょう。

多くの人は、戦車というものは道なき道を延々と進軍できるようなイメージを持っているかもしれません。戦車には無限軌道（キャタピラー）が付いていますから、確かに道路のないところも走行することができます。しかし、こうした車両は、精密な機械の塊ですから、荒れた土地で走行させると、一定数は必ず故障もしくは損傷してしまいます。

わかりやすいように、車両の故障率・損傷率を100キロあたり5%と仮定しましょう。ここでいうところの5%とは、100キロ走ると100台のうち5台が使えなくなるという意味です。もし、投入する部隊の車両の総数が１０００台、進軍する距離が３００キロだった場合、理論的には目的地に到達するまでに１５０台が使い物にならなくなってしまいます。

故障した車両を放置するわけにはいきませんから、こうした車両は、整備工場のある後方まで送り返されることになります。その時、故障した車両は自走することができません。結果的に大型トレーラーなどに乗せて道路を走ることになります。

つまり、大量の車両を投入して戦闘を行う場合には、よく整備された大型の幹線道路がないとうまく運用することができないのです。逆にいえば、こうしたインフラのない未開拓の地域に、現代的な軍隊は投入できません。

さらにいえば、**戦地からそれほど遠くない距離に整備拠点を置けるだけのインフラ（電気や水道など）がないと、後方支援基地も設置できない**ことになります。

イラク戦争では、米軍がバグダッドに進軍する際、先頭を行く部隊のみが戦車や装甲車など武装した車両で走り、その後ろには、車両輸送用の大型トレーラーが続くという流れになっていました。**米軍がイラクに大量に展開できたのは、イラクが比較的豊かな国であり、道路網や電気といったインフラが整っていたから**です。

兵站（ロジスティクス）の概念が激変する

しかし、先ほどの3Dプリンタが普及すれば、こうした概念は一変することになります。3Dプリンタを設置するところさえあれば、そこは車両の整備工場になりますし、医療器具などを作り出す衛生拠点にもなります。しかも、戦争の主体は人から、無人機やロボット兵士など機械の比重が高くなってきます。

従来の戦争は、港などの重要拠点と道路を押さえ、スムーズな兵站(へいたん)を確保することが何より重要でした。アフガニスタンの戦争において米軍があれほど苦戦したのは、物資を運ぶ兵站ルートが限定されていたからです。

シーパワーである米国が、海からアフガニスタンに向かうためには、パキスタンのカラチ付近の港からインダス川を遡り、ペシャワールからカイバル峠を越えてアフガニスタンに入るしかありません。

インダス川流域は、歴史の教科書でもお馴染みですが、太古の昔から栄えてきた地域です。パキスタン側の協力さえあれば、十分な交通インフラを確保することが可能です。しかし、アフガニスタンとの国境であるカイバル峠は、細い峠道で十分な輸送力が確保できません。空路での物資輸送には限界があり、これが米軍を苦しめました。

ＩＴ化や３Ｄプリンタの導入が進んだからといって、インフラが脆弱(ぜいじゃく)な地域で、すぐに部隊の展開ができるというわけではありません。しかし軍隊のオペレーションの概念は確実に変わっていきますし、物資の調達やお金の流れも変化していくことになるでしょう。

本書でも何度か解説してきた地政学的な理解にも修正が必要となってくるかもしれません。そのくらい、ＩＴ化がもたらす影響は大きいと考えられているのです。

3　ＩＴがわからない兵士は無用

こうした環境の変化は、兵員の確保にも大きな影響を与えています。米国では若者の約7割が兵士としては不適格と診断される状況になっており、兵員の確保が年々難しくなっています。その背景にあるのは、兵器のＩＴ化です。

志望者の7割が入隊できない理由

米国では、軍隊に志願するためには、身長や体重といった基礎的な要件に加え、高卒もしくは同程度の学力があること、軍が実施する学力テストに合格することなどいくつかの条件をパスしなければなりません。

米国防総省によると、米国の17歳から24歳の若者のうち、約7割が何らかの条件に抵触し、本人が入隊を志願したとしても、軍に入れない状態となっています。

入隊できない理由としてもっとも多いのが身体的、学力的な問題で、28%がこれに該当するそうです。肥満で身体基準をクリアしないケースはやせれば済む話ですが、最近、特に問題となっているのが、**数学力と読解力**です。

先ほど説明したように、米軍は近年、兵器のIT化を急ピッチで進めています。最前線を行く兵員も、高度なコンピュータ・ネットワークで結ばれる状況となっており、各人はIT機器を駆使しながら、リアルタイムで状況判断や意思決定を行う必要があります。このため、一定以上の数学力や読解力がないと、兵器をうまく使いこなせないのです。

米国では、大学院に行くための奨学金を目当てに入隊する低所得層出身の学生も多く、実はこうした優秀な人材が、装備のハイテク化を現場で支えてきた面がありま す。今後はロボット兵器の本格的な導入で、ハイテク機器に対する知識がさらに必要になってくる可能性が高いわけですが、経済的にゆとりのない優秀な大学生ばかりをあてにするわけにはいきません。

米国が人工知能の開発を急いでいる背景には、人員確保が年々難しくなっているという切実な事情もあると考えられます。

グローバルに人材を受け入れる国にならないと戦争には勝てない

こうした変化は最終的に戦争と経済にどのような影響を与えることになるのでしょうか。はっきりしているのは、民間と軍事の垣根が限りなく縮小し、より高度な技術が求められるようになることでしょう。

かつて軍事技術と民生技術は明確に区別されていました。軍事技術は信頼性が第一ですから、何世代か遅れていてもよいので、確実なものが求められていました。当然、コストも度外視されています。

一方、民生技術は常に最先端が求められ、多少信頼性に難点があっても、斬新さの方が優先されます。またコストを削減するために各社はしのぎを削っており、コスト削減そのものが重要な技術と見なされます。

筆者の知る、ある防衛産業の技術者は、軍事技術の取り扱いは、エンジニアとしての立場から見るとあまり面白い仕事ではないと述べていました。分野にもよるかもしれませんが、多くの軍事技術は、最先端を追求するのではなく、信頼性第一の保守的な考え方で体系立てられていることがその理由です。

このような違いがあるからこそ、軍需企業と一般企業には明確な違いがあり、お金の流れも完全に峻別されていたわけです。

しかし、高度にIT化された社会では、軍事技術と民生技術の垣根は、限りなく低くなります。ゲーム用に開発されたスマホのアプリがすぐに軍事転用できてしまったり、民生用のサービスがそのまま軍事目的に利用されるケースは今後ますます増えてくると予想されます。

また国境を越えたグローバルな資本参加やM&Aはもはや当たり前ですから、企業の国籍という概念すら怪しい状況です。典型的な米国企業が中国系ファンドに買われたり、逆に中国企業を米国企業が買収するケースもあります。そこで働くエンジニアも相互に行き来することになるでしょう。

このような市場では、相互に情報が交換されることになり、厳密な意味で重要情報の囲い込みはできなくなります。そうなってくると、**最終的に勝負を分けるのは、相互の行き来を相殺した結果として、相対的により多くの資金や情報を集めている国と**いうことになるでしょう。

IT化時代には、敵・味方という単純な思考回路では対処できないのです。

当然のことながら、戦争の経済への依存度はさらに高くなってくるでしょう。高度に発達したIT社会とオープンでグローバルな資本市場は非常に相性がよい存在です。国際的に開かれた資本市場を持つ国には、多くのグローバルな資金が集まり、そこには新しいIT技術や優秀な人材が集まってくることになります。結果的にそのような国の軍事的な優位性は高くなるわけです。

最終的には、新しいテクノロジーと金融システムの両者を制覇できた国が、次世代の覇権国家となるでしょう。

おわりに

戦争が外交の延長であり、外交は経済の延長であるというのは、使い古された言葉ではありますが、戦争の本質をもっともよく表しているといってよいでしょう。

経済の分野で強くなれない国は、戦争で勝つことはできませんし、経済の分野で強みを発揮するためにはビジネスが上手でなければなりません。日常的な消費活動やビジネス活動と戦争は一見すると正反対の存在に見えますが、実は地下深くで、密接につながっているわけです。

外交はもちろんのこと、経済やビジネスの関係というのは、短期的な利害と長期的な利害が複合的に絡み合って事態が進展していきます。今現在は対立しているように見えても長期的には利害が一致していたり、逆に短期的には仲がよくても、長期的には敵対的な関係に陥る可能性もあります。

私たち日本人は残念ながら、こうした俯瞰(ふかん)的な見方があまり得意ではないようです。こうした欠点がもっとも顕著に具現化してしまったのが太平洋戦争ということになるでしょう。

太平洋戦争では場当たり的に物事に対処するということを繰り返すうちに、自覚のないまま周辺国すべてを敵に回してしまいました。しかも、日中戦争によって、中国共産党が躍進するきっかけまで与えてしまっています。

こうした日本の戦略性のなさは、ビジネス感覚の欠如と深い関係があります。

戦争とビジネスとの関係性は、イデオロギーや時代を超越します。資本主義を徹底的に否定する中国共産党ですら、実はビジネス感覚があったからこそ、生き延びられた面があるのです。

共産党と内戦を戦った国民党の蒋介石氏を支援していたのが、中国の浙江財閥だったというのは有名な話ですが、それは蒋介石夫人の宋美齢氏が浙江財閥の出身であることからもわかります。一方、宋美齢氏の姉で孫文夫人でもあった宋慶齢氏は、国共内戦後は中国共産党側に付き、最終的には中華人民共和国の副主席にまで登り詰めました。

姉妹は、共産党と国民党、つまり中国と台湾に分かれて争うことになってしまったわけですが、これは見方を変えれば、浙江財閥がどちら側にも保険をかけたということにもなります。宋慶齢氏は文化大革命当時、大財閥出身の幹部ということで、その立場が危うくなったことがありましたが（当時はまだ共産党員ですらありませんでした）、周恩来元首相などが奔走し、粛清を免れています。革命という世界にも、経済のメカニズムが作用しているのです。

一方、日本はビジネスの取り扱いが上手だったとはいえません。

本書でも解説した通り、もっとも利害が一致するパートナーであった米国からの満鉄共同経営プランを拒絶し、グローバルな金融システムに背を向けてしまいました。誰が本当の敵で、誰が本当の味方なのかわからなくなってしまったようです。

こうしたパートナーシップ感覚の欠如は今の時代も続いています。

日本は今でも、グローバルな金融システムと日本流のやり方の折り合いがつかず苦労しています。しかし、その根本的な原因がどこにあるのか、日本人はあまり自覚していません。

一時期、日本の企業を買い占める外国ファンドに対して批判の声が高まったことがありました。これは日本に限らず、どの国でも、他国のファンドが自国の企業を無理に買収しようとすると、一定の批判が起こるものです。

外国勢に買い占められることをあまり望まないという価値観そのものは理解できますし、買収する相手にも通じる論理です。

しかし、日本人は彼らをハゲタカと批判しますが、当の日本企業が、海外に対して積極的に自社の株式を買って欲しいと営業していた事実からは目をそむけようとします。相手からしてみれば、買って欲しいと提案されたので、実際に買ってみたら、ハゲタカと罵（ののし）られてしまったわけです。

もし、日本が外国ファンドからの買収を望まないのであれば、はっきりとその方針を明示すべきであり、営業活動も行うべきではありませんでした。一方では買収を歓迎するようなことをいいながら、実際に買収すると声高に批判するということでは、相手からの信用をなくしてしまいます。

パートナーシップとは、相手に媚（こ）びて同じように振る舞うということではなく、相手に対して自らの立場や利害を明確に伝え、相手と交渉することで培われます。その点において、パートナーシップというものを根本的に誤解している日本人は少なくないのです。

こうした感覚は、ビジネス面から経済面に、そして外交の面へとシフトしていくことになります。これが取り返しのつかない段階まで発展すると、最終的には戦争という結果にもつながってくるわけです。

もう1つ、戦略性という点で重要なのは変化への対応です。

日露戦争は、ハイテク兵器をふんだんに使った近代的な戦争でしたが、太平洋戦争はこれとは対照的に、旧態依然のシステムに頼った時代遅れの戦争となってしまい、結果として大敗北を喫してしまいました。

日露戦争から太平洋戦争の時代にかけては、全世界的にイノベーションが進展し、あらゆる面で著しい変化が起こった時代でした。日本はその変化の波に追い付くことができなかったわけですが、当時と同じくらいのイノベーションが起きている時代が、ちょうど今なのです。

ITを基軸とする新しいイノベーションは、大正から昭和の時代にかけて全世界に波及したイノベーションを彷彿とさせます。もしかすると当時を超えるインパクトを私たちにもたらすことになるかもしれません。この新しい時代にうまく対応し、経済的な覇者になった国は、間違いなく、軍事的にも次世代の覇権国家となっていくでしょう。

私たち日本人は、太平洋戦争の時に犯した失敗を繰り返してはならないはずです。その点において、日本国内で新しいテクノロジーやビジネスに対して、批判的、否定的見解が多く見られることは少々気がかりです。

最近、日本では保守化傾向が強くなっているといわれ、やたらと日本の伝統や文化が強調される傾向が見られます。しかし本当の意味での伝統というのは、常に変化に対応し、生き残っていくことでしか維持することはできません。

1つの例をあげてみましょう。

世界でもっとも長く、同じ形態で存続し続けている国家（組織）の1つにローマカトリックがあります。

ローマカトリックのフランシスコ法王は就任後間もない2013年9月、カトリック教会は「同性愛や中絶の禁止といった狭量な価値観にこだわりすぎている」と大胆な発言をしています。新しい価値観やグローバリズムに対してもっとバランスを取るよう世界の聖職者に対して求めているわけです。

カトリック教会はこれまで、男尊女卑、中絶の禁止、同性愛の禁止など、伝統的価値観を重視してきましたが、最近はグローバル化の進展に伴ってこうした古い価値観は許容されなくなっています。これに反発した聖職者が過激な発言をすることも多く、これが信者獲得の妨げになっているとの指摘も出ていました。

フランシスコ法王はこれに対して、もう少し現実的な対応をするようにとメッセージを発したわけです。

フランシスコ法王が進歩的な法王であるならば、この発言もあまり驚かれないのですが、フランシスコ法王はイエズス会出身の極めて保守的な法王です。保守的な法王からこうしたメッセージが発されていることに重要な意味があります。

つまり、カトリックという伝統を守るためには、時代に合わせて変わっていく必要があり、逆にいえば、これまでカトリックはそれができていたからこそ、長きにわたって存続できたわけです。

カトリック教会の付属金融機関であるバチカン銀行は、常にグローバルな金融システムの一部として機能してきたという事実を私たちは認識しておく必要があるでしょう。

変化に対応して、新しいテクノロジーを使いこなし、ビジネスや金融の分野で重要な地位を占めていくことこそが、本当の意味での安全保障であり、その延長線上に強い軍隊が存在することになります。

日本人は、本来、知恵のある民族であり、新しい時代への適応力は高いはずです。私たちの日常的な経済活動こそが、国民の安全を守るのです。

加谷珪一

一〇〇字書評

切り取り線

購買動機（新聞、雑誌名を記入するか、あるいは○をつけてください）	
□（　　　　　　　　　　）の広告を見て	
□（　　　　　　　　　　）の書評を見て	
□ 知人のすすめで	□ タイトルに惹かれて
□ カバーがよかったから	□ 内容が面白そうだから
□ 好きな作家だから	□ 好きな分野の本だから

●最近、最も感銘を受けた作品名をお書きください

●あなたのお好きな作家名をお書きください

●その他、ご要望がありましたらお書きください

住所	〒				
氏名		職業		年齢	
新刊情報等のパソコンメール配信を 希望する・しない	Eメール	※携帯には配信できません			

あなたにお願い

この本の感想を、編集部までお寄せいただけたらありがたく存じます。今後の企画の参考にさせていただきます。Eメールでも結構です。

いただいた「一〇〇字書評」は、新聞・雑誌等に紹介させていただくことがあります。その場合はお礼として特製図書カードを差し上げます。

前ページの原稿用紙に書評をお書きの上、切り取り、左記までお送り下さい。宛先の住所は不要です。

なお、ご記入いただいたお名前、ご住所等は、書評紹介の事前了解、謝礼のお届けのためだけに利用し、そのほかの目的のために利用することはありません。

〒一〇一‐八七〇一
祥伝社黄金文庫編集長　萩原貞臣
☎〇三（三二六五）二〇八四
ohgon@shodensha.co.jp

祥伝社ホームページの「ブックレビュー」からも、書けるようになりました。
www.shodensha.co.jp/bookreview

祥伝社黄金文庫

戦争の値段

教養として身につけておきたい戦争と経済の本質

令和4年5月20日　初版第1刷発行

著　者　加谷珪一

発行者　辻　浩明

発行所　祥伝社

〒101－8701
東京都千代田区神田神保町3－3
電話　03（3265）2084（編集部）
電話　03（3265）2081（販売部）
電話　03（3265）3622（業務部）
www.shodensha.co.jp

印刷所　萩原印刷

製本所　ナショナル製本

Printed in Japan　© 2022, Keiichi Kaya　ISBN978-4-396-31823-9 C0133

祥伝社黄金文庫

A・L・サッチャー
大谷堅志郎／訳

燃え続けた20世紀 戦争の世界史

近現代史の大家が「われらが時代の軌跡」を生き生きと描いた。名著、待望の文庫化！

A・L・サッチャー
大谷堅志郎／訳

燃え続けた20世紀 殺戮（さつりく）の世界史

原爆、冷戦、文化大革命……20世紀に流れ続けた血潮。新世紀を迎えた今も、それは終わっていない。

A・L・サッチャー
大谷堅志郎／訳

燃え続けた20世紀 分裂の世界史

'62年キューバ危機、'66年からの文化大革命……現代史の真の姿を、豊富なエピソードで描く歴史絵巻。

ドン・ジョーンズ
中村 定／訳

タッポーチョ 太平洋の奇跡

玉砕の島、サイパンで実際にあった感動の物語。命がけで民間人を守り、義を貫いた大場隊の知られざる勇戦！

福井義高

日本人が知らない最先端の「世界史」

コミンテルン陰謀史観、ノモンハン事件、中国共産党政権誕生の裏側……これを読まずに歴史論争は成り立たない！

福井義高

日本人が知らない最先端の「世界史」 不都合な真実編

「日本近現代史をめぐる議論があまりにも日本中心であること。これが本書執筆の動機である。」（著者）

祥伝社黄金文庫

樋口清之
逆・日本史
〈市民の時代編　昭和→大正→明治〉

"なぜ"を規準にして歴史を遡っていく方法こそ、本来の歴史だと考えている。(著者のことばより)

樋口清之
逆・日本史
〈武士の時代編　江戸→戦国→鎌倉〉

「樋口先生が語る歴史は、みな例外なく面白く、そしてためになる」(京都大学名誉教授・会田雄次氏)

樋口清之
逆・日本史
〈貴族の時代編　平安→奈良→古代〉

「なぜ」を解きつつ、日本民族の始源に遡る瞠目の書。全国民必読のロング・ベストセラー。

樋口清之
逆・日本史
〈神話の時代編　古墳→弥生→縄文〉

ベストセラー・シリーズの完結編。「疑問が次々に解き明かされていく興奮を覚える」と谷沢永一氏も激賞!

渡部昇一
日本史から見た日本人・古代編
「日本らしさ」の源流

日本人は古来、和歌の前に平等だった……批評史上の一大事件となった渡部史観による日本人論の傑作!

渡部昇一
日本史から見た日本人・鎌倉編
「日本型」行動原理の確立

日本史の鎌倉時代的な現われ方は、昭和・平成の御代にも脈々と続いている。日本人の本質はそこにある。

祥伝社黄金文庫

茂木 誠
世界史で学べ！ 地政学
地政学を使えば、世界の歴史と国際状況の今がスパッ！ とよくわかる。世界を9ブロックに分けて解説。

茂木 誠
日本人の武器としての世界史講座
日本人だけが知らない現代世界を動かす原理。ネット情報は玉石混交、こんな時代だから、本物の教養が必要！

茂木 誠
世界史を動かした思想家たちの格闘
ソクラテスからニーチェまで
世界史がいきなり面白くなる集中講義！プラトン、ルソー、デカルト……彼らたちは何を考え、何を残したか？

齋藤 孝
齋藤孝の ざっくり！ 日本史
「すごいよ！ポイント」で本当の面白さが見えてくる
歴史の「流れ」「つながり」がわかれば、こんなに面白い！ 「文脈力」で読みとく日本の歴史。

齋藤 孝
齋藤孝の ざっくり！ 世界史
歴史を突き動かす「5つのパワー」とは
5つのパワーと人間の感情をテーマに世界史を流れでとらえると、本当の面白さが見えてきます。

齋藤 孝
齋藤孝の ざっくり！ 西洋哲学
ソクラテスからマルクス、ニーチェまでひとつかみ
ソクラテス以後、2500年の西洋哲学史。これらを大きく3つの「山脈」に分ければ、まるっと理解できます！